UNE RIVALE INATTENDUE

Victoire
Love you ma chérie !
maman
xxx

Vous aimez les livres de la série

Sabrina

Écrivez-nous
pour nous faire partager votre enthousiasme :
Pocket Jeunesse, 12, avenue d'Italie, 75013 Paris.

Sabrina

l'apprentie sorcière

Une rivale inattendue

Diana G. Gallagher

Traduit et adapté de l'américain
par Véronique Fleurquin

4e édition

POCKET
jeunesse

Titre original :
Showdown at the Mall

Publié pour la première fois en 1997
par Pocket Books, États-Unis.

Loi n° 49 956 du 16 juillet 1949 sur les publications
destinées à la jeunesse : septembre 2000

ISBN : 2-266-10607-4

Tu as envie de lire des romans drôles, pétillants, irrésistibles ?

Abracadabra !

La série

Sabrina
l'apprentie sorcière

est faite pour toi !

Pour Sharon Middleton,
une amie de longue date et une fan
dont le soutien m'est précieux

1

Tirage au sort piégé

— Qu'en penses-tu ? demanda Jenny Kelly.

— Ça peut être rigolo, répondit Sabrina.

Les deux amies chuchotaient en surveillant du coin de l'œil M. Pool, leur professeur de biologie.

— Rigolo ? Passer le week-end à travailler ? dit Jenny, étonnée.

— Tout dépend de la boutique où on nous envoie !

— Avec ma chance habituelle, soupira la jeune fille, je vais tomber sur le magasin de chaussures pour enfants !

— La pâtisserie me plairait assez, déclara Harvey avec une mine gourmande.

Harvey était un garçon adorable et trop gentil. Il sortait avec Sabrina depuis quelque temps. Leur amitié s'était peu à peu transformée en une relation plus tendre. Jenny, la meilleure amie de Sabrina, en était ravie. La seule ombre au tableau s'appelait Libby Chessler. Dès la rentrée, elle avait jeté son dévolu sur Harvey. Furieuse que le jeune homme préfère Sabrina, elle tentait sans cesse de se venger.

Sabrina reporta son attention sur le professeur. Il dévoilait à ses élèves les grandes lignes du stage. Toute la classe allait travailler deux jours au centre commercial.

— Naturellement, vous serez payés..., précisa M. Pool.

Un tonnerre d'applaudissements l'interrompit.

— Vous aurez un salaire symbolique, précisa-t-il. Mais ce n'est pas pour l'argent que vous effectuez ce stage.

— Moi, si ! grogna une voix au dernier rang.

— De toute façon, on n'a pas le choix, n'est-ce pas ? lança une fille à lunettes.

— En effet, confirma M. Pool. Alors,

prenez les choses du bon côté. Vous allez vous familiariser avec le monde du travail. C'est une chance !

— Comment ça, une chance ? s'enquit Libby Chessler d'une voix haut perchée.

Tous les yeux se tournèrent vers elle. Elle portait un ensemble bleu électrique identique à celui des pom-pom girls, qui mettait en valeur ses longs cheveux bruns. Pleine d'assurance, elle dévisagea ses camarades.

Agacée, Sabrina étouffa un soupir. Arrogante et égocentrique, Libby était pourtant la fille la plus populaire du lycée. En réalité, à part ses fidèles amies Jill et Sissi, personne ne l'appréciait vraiment. Mais elle détenait un réel pouvoir. Difficile de s'opposer à elle !

— J'ai discuté avec les commerçants. Des jobs attendent chacun de vous ! expliqua M. Pool. À moins qu'un petit malin ne s'amuse à saboter son entretien d'embauche cet après-midi...

— Si c'est gagné d'avance, à quoi bon un entretien ? l'interrompit Libby.

— Parce qu'il s'agit d'une excellente

expérience ! D'ailleurs, ne vous avisez pas de sécher le stage ! Le centre commercial me tiendra au courant. Avis à ceux qui tenteraient de se défiler : j'ai assez de jardinage et de ménage à faire chez moi pour vous occuper !

Tandis que le professeur remplissait de papiers pliés un bocal à poissons rouges, Sabrina souffla à Jenny :

— Tu aimerais travailler où, toi ?

— N'importe, sauf dans le magasin de chaussures pour enfants. Et toi ?

— La boutique Top Mode ou rien ! déclara-t-elle en croisant les doigts.

— Avec ton mauvais goût ? railla Libby dans son dos. Tu ne connais rien à la mode, ma pauvre fille !

— Moi, au moins, je ne me déguise pas en majorette, répliqua Sabrina.

— Espèce de ringarde, la boutique est pour *moi* ! siffla Libby.

M. Pool passa entre les élèves en agitant le bocal :

— Qui se jette à l'eau ? Allez, un peu de courage ! Vous n'êtes quand même pas condamnés aux travaux forcés !

Sabrina hésitait.

« Pour l'instant, je n'ai qu'une chance sur vingt-cinq de tirer le bon papier. D'un autre côté, si j'attends trop, quelqu'un va hériter de Top Mode avant moi... »

Libby leva la main, mais M. Pool ne la vit pas. Il présenta le bocal à Jenny. Celle-ci ferma les yeux, piochant un papier au hasard. Elle le déplia et lut à voix haute :

— « L'Antre de Dickens. » Chouette ! La librairie !

Ravie pour son amie, Sabrina tendit la main vers l'urne improvisée.

— Moi d'abord, monsieur Pool ! réclama Libby.

Le professeur acquiesça en s'excusant auprès de Sabrina :

— Libby a eu la gentillesse de préparer les bulletins. Elle a donc la priorité.

— Pas de problème, accepta Sabrina à contrecœur.

Libby lui décocha un regard triomphant. Depuis la rentrée au lycée, elle prenait plaisir à la tourmenter. Par chance, Sabrina avait appris le soir de son premier jour de classe qu'elle était sorcière. Ainsi, elle avait quelques tours dans son sac pour désamorcer les coups bas de son ennemie intime. Ce qui ne décourageait pas Libby pour autant !

Soupçonnant une manœuvre, Sabrina l'observa. Sourcils froncés, la pom-pom girl effleura plusieurs papiers, les dépliant légèrement au passage. Puis, avec un sourire satisfait, elle en saisit un. Sabrina vit aussitôt qu'un des angles intérieurs était cisaillé.

Libby avait triché ! Voilà pourquoi elle était si sûre d'elle ! Elle s'était arrangée pour repérer au toucher le bulletin de Top Mode !

« Vite, Sabrina ! Pointe le doigt ! » se dit la jeune fille.

Une étincelle minuscule jaillit de son ongle. Un autre papier se substitua à celui que Libby avait choisi. Le premier retomba dans le bocal.

« Pointe ! » se dit-elle encore.

L'angle cisaillé disparut.

Libby, qui ne s'était aperçue de rien, posa tranquillement le papier plié sur son bureau.

— Vous ne l'ouvrez pas ? demanda M. Pool étonné.

— Pas tout de suite !

Jill et Sissi piochèrent à leur tour sans vérifier ce qu'elles avaient tiré. Le bocal revint vers Sabrina. Les yeux fermés, elle y plongea la main et en retira un bulletin.

— Tu ne l'ouvres pas non plus ? demanda Jenny.

— Non, j'attends.

Sabrina n'avait pas la moindre idée de l'endroit où elle allait atterrir. Mais si, par chance, elle avait tiré la boutique Top Mode, elle ne souhaitait pas que Libby le sache. Pas pour le moment ! Elle préférait savourer le suspense jusqu'au bout et retarder la déconvenue de sa rivale.

M. Pool passait entre les tables, choisissant des élèves au hasard. La mercerie, le magasin de diététique, le marchand de disques et la boutique informatique avaient déjà été attribués. Harvey tomba sur le Palais des Sports.

— Tant pis pour les gâteaux ! plaisanta-t-il, ravi de son affectation.

— Ne t'inquiète pas pour ton estomac,

le rassura Sabrina. On se retrouvera au snack, toi, moi et Jenny, pour la pause-déjeuner.

— Mon travail à la librairie ne devrait pas être trop compliqué, supposa Jenny. Tu demandes aux gens ce qu'ils aiment lire, tu les diriges vers le rayon adéquat. Ce n'est pas la mer à boire.

— Pourquoi n'as-tu pas encore ouvert ton papier ? demanda Harvey.

— Tant que j'ignore ce que j'ai tiré, il me reste une chance... Tu vois ce que je veux dire ?

— Non, avoua Harvey.

— Moi, oui ! affirma Jenny.

Le bocal vide, toute la classe se tourna vers les quatre filles qui n'avaient pas lu leurs bulletins. L'une d'entre elles avait forcément la boutique Top Mode !

« Aïe, aïe, aïe ! »

Jill puis Sissi déplièrent leurs papiers : Bazar aux cadeaux et Tout pour la cuisine. « Youpi ! pensa Sabrina. À moi, la boutique de mode ! Et Libby qui s'imagine avoir mis le grappin dessus... »

Elle guetta sa réaction en prenant un air

anxieux. Libby, un sourire suffisant aux lèvres, ouvrit son bulletin. Puis elle pâlit.

— La Planète des Jouets ! s'écria-t-elle, incrédule. Mais... il doit y avoir une erreur !

Vite, Sabrina exhiba le sien :

— Waouh ! J'ai tiré la boutique Top Mode !

Libby lui arracha le papier des mains :

— Fais voir !

Elle ouvrit des yeux ronds : l'angle du papier était intact ! Pas moyen d'accuser Sabrina d'avoir triché ! Impossible d'avouer qu'elle-même avait cisaillé le bulletin ! Comment cette mystérieuse substitution s'était-elle produite ?

Dès que M. Pool eut tourné le dos, elle chuchota à Sabrina :

— Tu me le paieras !

Sabrina soupira. Parfois, la furieuse envie de transformer son ennemie intime en crapaud la démangeait. Mais ce n'était pas une bonne idée, elle le savait. Peut-être qu'une Libby-crapaud serait encore pire !

2

Un étrange malaise

— On se retrouve ce soir à huit heures à la Pizz'ah ? proposa Sabrina.

— Compte sur moi ! acquiesça Harvey. Bon, j'y vais ! Je ne veux pas rater mon entretien.

Esquivant des jeunes femmes avec des poussettes et des grappes d'enfants, il se dirigea vers le Palais des Sports. Jenny lissa la veste qu'elle portait sur une jupe courte.

— De quoi j'ai l'air ? demanda-t-elle.

— Tu es parfaite, la rassura Sabrina.

Elle-même portait un jean et un pull. Pas génial pour décrocher un emploi dans la boutique la plus branchée de la ville ! Elle ne pouvait zapper une tenue magique devant Jenny ! La jeune fille, morte de trac, avait insisté pour qu'elles se rendent ensemble au centre commercial.

— Bon, quand faut y aller, faut y aller ! soupira Jenny. Je te retrouve dès que j'ai terminé. Souhaite-moi bonne chance !

— M...e ! lança Sabrina en levant le pouce.

« Plus que trois minutes avant mon rendez-vous. Trop juste pour me changer en douce aux toilettes ! Elles sont au premier niveau. Et le hall est trop bondé pour un tour de passe-passe. Superman lui-même n'y parviendrait pas ! »

La clientèle du vendredi après-midi grouillait dans les allées et le patio central. Les bancs disposés autour d'arbres en pots étaient tous occupés. Des personnes âgées y massaient leurs pieds endoloris. De jeunes mères tentaient de calmer leurs bambins. Des bandes d'adolescents couraient en tous sens.

Près de la fontaine, Sabrina remarqua une jeune fille ravissante. Son visage gracieux était encadré par de longs cheveux bruns. Elle portait une tunique en lin gris-bleu sur un pantalon fluide assorti. La mine boudeuse, elle semblait perdue dans ses pensées. À la vue de cette gravure de mode hautaine, Sabrina se sentit encore plus mal fagotée.

Deux minutes... et aucune échappatoire ! Si elle séchait l'entretien, elle était bonne pour bêcher les massifs de M. Pool. Pas question !

« Trac ou pas, affrontons la situation ! Après tout, il s'agit d'une simple formalité. Allons-y ! »

Sabrina eut l'impression que les mannequins de la vitrine, dégoûtés par son look, grimaçaient à son approche.

— Souriez ! leur intima-t-elle en claquant des doigts.

Les bras en plastique s'agitèrent. Des yeux peints brillèrent. Des lèvres s'étirèrent en un joli sourire. De quoi donner une crise cardiaque à l'étalagiste !

M. Pool leur avait décrit leurs employeurs respectifs. La jolie jeune femme aux courtes boucles auburn devait être Audrey Holcomb. « Allez, elle ne va pas te manger ! » pensa Sabrina pour se donner du courage.

— Madame Holcomb ?

— Oui, fit cette dernière en s'avançant d'une démarche gracieuse.

Un sourire commercial illumina ses yeux verts. Avec son ensemble en soie vert foncé, elle ressemblait aux mannequins de sa vitrine. Elle jaugea l'arrivante d'un coup d'œil connaisseur :

— Puis-je vous aider ?

— En fait, c'est le contraire, madame Holcomb. Je suis Sabrina Spellman. J'ai été affectée à votre boutique pour le stage du lycée.

— Je vois, soupira la responsable... Avez-vous un minimum d'expérience ?

— Euh, pas vraiment...

Bras croisés, la gérante l'examinait d'un air critique. Sabrina eut envie de rentrer sous terre.

— Quand je me suis habillée ce matin, j'ignorais que je devais passer un entretien. Sinon, j'aurais mis autre chose qu'un jean...

— En effet, ce n'est pas très approprié !

— Mais confortable, plaida Sabrina, piteuse.

Son premier contact professionnel s'engageait mal.

— Votre look ne convient pas à une boutique comme la nôtre. Nous avons une image de marque à défendre. Les vendeuses doivent être à la hauteur ! Cette règle ne souffre aucune exception. Je regrette.

— Pardon ?

— Je regrette, c'est clair, non ? Vous ne faites pas l'affaire ! décréta Mme Holcomb.

« Et que dirais-tu d'un bouton de fièvre sur la lèvre ou d'un bon gros furoncle au milieu du front ? J'ai bien envie de pointer sur toi, espèce de sale bonne femme ! »

Sabrina serra les poings pour résister à la tentation.

Depuis le patio central, flanquée de Jill et de Sissi, Libby observait la boutique de mode.

— Je n'en reviens pas que Sabrina ait hérité de *mon* boulot. Non mais, regardez-moi cette allure ! maugréa-t-elle.

Plusieurs personnes la dévisagèrent. Libby les fusilla du regard. L'inconnue de la fontaine n'avait pas bronché. Elle restait là, toujours aussi belle et presque immobile.

— C'est trop injuste, confirma Sissi.

— Sabrina est si, si..., bégaya Jill.

— Si plouc ! cracha Libby qui sortait tout juste de son entretien.

La perspective de travailler à la Planète des Jouets lui déplaisait terriblement. Son patron était un petit jeunot boutonneux affublé d'énormes lunettes. Mais craignant d'être punie par M. Pool, Libby lui avait fait du charme pour se le mettre dans la poche. Hélas, son pouvoir de séduction n'opérait pas sur les gamins déchaînés. Quelle pagaille infernale dans ce magasin ! Une horde de gosses juchés sur des vélos, lancés dans des autos à pédales, risquaient de la renverser à tout instant. Et son statut de stagiaire n'incluait pas d'assurance pour les accidents de la circulation !

— C'est trop injuste ! répéta Sissi. Mais on n'y peut rien...

— Attends, attends... J'ai peut-être une chance ! réalisa soudain Libby. Il suffit que Sabrina rate son entretien ! Et moi je récupère sa place !

— Oui, mais si elle le réussit ? demanda Jill.

— Pas d'inquiétude ! Sabrina est nulle ! Elle serait incapable de vendre un drap de bain à un type tout nu dans une rue bondée !

« Il faut que je sabote son rendez-vous ! » songea la peste.

Libby se dirigea d'un pas décidé vers la boutique Top Mode. Jill et Sissi la suivirent.

— Que je vous prenne à l'essai ? demandait Audrey, sourcils froncés.

— Pourquoi pas ? argumenta Sabrina. Je vous propose un marché. Si je vends quelque chose dans l'heure qui vient, vous me gardez.

— Essayons toujours ! Voyons de quoi vous êtes capable ! Votre première cliente vient de franchir la porte.

— Oh, merci, madame Holcomb ! Vous ne le regretterez pas !

Sabrina jeta son sac sous le comptoir. Avec un sourire radieux, elle se retourna vers la cliente annoncée. Ses yeux s'écarquillèrent. Libby ? Accompagnée de ses amies, en plus ! « Le ciel veut-il me punir d'avoir déjoué les plans de ma rivale ? Impossible ! D'accord, j'ai utilisé mes pouvoirs magiques pour changer son tirage. Mais je n'ai pas triché ! J'ai tiré le bulletin de Top Mode par hasard. Non, cette arrivée inattendue est sans doute une coïncidence. Pas de panique ! »

Elle s'obligea à sourire et se dirigea vers les trois filles plantées devant un rayon de pantalons et chemisiers coordonnés.

— Salut ! lança-t-elle. Comment se sont passés vos entretiens ?

— Ça te regarde ? siffla Jill sans lui accorder un regard.

« Essayons une autre tactique ! »

Sabrina décrocha une veste destructurée d'un beau bleu fumée. Elle la drapa devant Libby :

— Cette couleur est d'enfer ! Elle met en valeur les reflets de tes cheveux bruns.

— Je déteste le bleu !

Libby lui arracha le cintre des mains pour ranger le vêtement.

— Mais tu en portes toujours ! s'écria Sabrina.

— Et alors ? On peut changer, non ?

Du coin de l'œil, Sabrina vit que la ravissante inconnue du patio pénétrait dans la boutique. La jeune fille agitait le doigt dans sa direction, comme pour solliciter son aide.

« Super, une nouvelle cliente ! Autant m'occuper d'elle ! Je sens que Libby va me donner du fil à retordre... »

Elle s'excusa auprès de ses camarades de classe et recula d'un pas, se heurtant à Jill.

— Hé, regarde où tu mets les pieds ! râla celle-ci en la repoussant sèchement.

Sabrina trébucha contre un portant de tee-shirts. Les cintres valsèrent sur la barre. La structure mobile vacilla. Sabrina s'y agrippa de toutes ses forces. Elle parvint de justesse à enrayer sa chute mais écrasa, dans la foulée, le pied de Sissi.

— Ouille ! hurla celle-ci. Ce que tu peux être maladroite !

— Dé... dé... désolée. Je... je... je ne com... com... prends pas ce qui s'est pa... passé.

Troublée, Sabrina serra les lèvres. Elle n'avait jamais bégayé de sa vie !

— Je vais essayer ça ! claironna alors Libby.

Décrochant prestement trois vestes, une jupe et deux pantalons, elle les jeta dans les bras de Sabrina. Puis elle rafla divers tee-shirts sur le portant, les ajoutant à la pile.

— Et moi, ça !

Jill lui lança deux jupes et un gilet.

Sabrina tituba sous le poids des articles. Elle se sentait sans forces, incapable de coordonner ses mouvements.

« Que m'arrive-t-il ? Une réaction à quelque chose que j'ai mangé à midi ? Une allergie anodine pour les simples mortels mais néfaste sur les sorcières – les faisant trébucher et bégayer ? »

Quoi qu'il en soit, elle devait rectifier le tir ! De sa main dissimulée sous la pile de vêtements, Sabrina pointa un doigt vers sa poitrine et se concentra.

« Cool-cool-cool, chantonna-t-elle dans sa tête. Adios, tremblements, bégaiement, affolement. »

Puis, sûre de son fait, elle indiqua de la tête la rangée de cabines d'essayage :

— Di... di... direction le sa... sa... salon

d'essayaaaage, bégaya-t-elle lamentablement.

Son charme magique avait raté ! Atterrée, elle se rendit compte trop tard que les vêtements lui glissaient des bras. Elle dut se mettre à quatre pattes pour les ramasser. Son tremblement empirait ! Les étoffes chatoyantes virevoltaient sur le parquet verni...

« C'est pas vrai ! Que m'arrive-t-il ? »

Tant bien que mal, elle se releva.

« Croise les doigts ! Accroche-toi ! Cet étrange malaise va disparaître aussi vite qu'il est apparu. »

— Les ca... ca... cabines sont sont sont... par là !

— Laisse tomber, Cendrillon ! lança Libby à la cantonade. Pas question que j'essaie les guenilles avec lesquelles tu cires le parquet !

Audrey Holcomb avait observé le désastre depuis la caisse. Elle arrachait nerveusement les franges de son châle, faute de pouvoir s'arracher les cheveux.

— Mais... mais... mais..., protesta Sabrina.

Les trois filles gagnaient déjà la sortie. Au dernier moment, Libby s'approcha de la gérante.

« Il ne faut surtout pas qu'elle lui parle ! » pensa Sabrina, affolée.

Elle se rua à la poursuite de sa rivale, dérapa et s'étala de tout son long. Les ensembles qu'elle serrait contre elle amortirent sa chute.

— Toutes mes condoléances, madame Holcomb, susurrait Libby, faussement apitoyée. Sabrina fait pourtant de son mieux ! Mais vous savez... certaines personnes ne supportent pas la pression. Dommage pour elle, la pauvre ! Enfin, bon... Vous n'êtes pas obligée de garder une vendeuse sous prétexte qu'elle a tiré le nom de votre boutique dans un bocal à poissons rouges !

Prenant une carte sur le comptoir, elle y inscrivit quelques lignes. Puis, lançant un coup d'œil narquois à Sabrina, elle tendit le carton à la gérante :

— Au cas où... Je vous laisse mes coordonnées.

Tête haute, elle rejoignit Jill et Sissi dans

l'allée. Vexée et furieuse, Sabrina se releva : elle tanguait sur ses jambes.

« Tu crois avoir gagné ! songea-t-elle, amère. Tu m'imagines déjà en train de frotter le carrelage de M. Pool ! Attends un peu ! »

L'espace d'un instant, elle crut que la chance allait tourner. La ravissante inconnue agitait la main dans sa direction. Hélas, ce n'était qu'un faux espoir ! La jeune fille, se ravisant, quitta à son tour la boutique...

— Sabrina, je regrette, mais...

Sabrina sursauta. Audrey l'avait rejointe.

— Quelle empotée vous faites ! Il va me falloir des mois pour récupérer le manque à gagner. Et ces articles !... Ils sont tout froissés ! Direction le bac à soldes !

La gérante exhibait un gilet brodé en soie rose, désormais invendable. Pas de doute, malaise ou pas, Sabrina avait provoqué de sacrés dégâts !

Elle était bonne pour repriser les chaussettes de M. Pool !

3

Le miroir enchanté

« Ce n'est pas mon genre de craquer, s'étonna Sabrina. Surtout quand je veux quelque chose ! »

Profitant d'un moment d'inattention d'Audrey, Sabrina tenta un autre charme magique. Peut-être son échec précédent résultait-il de cette étrange perte d'équilibre ? Elle pointa du doigt vers le gilet en soie que sa patronne avait posé sur le comptoir. Aussitôt, il reprit son aspect pimpant. Audrey, elle, ne remarqua rien. Son regard était attiré par une cliente à l'entrée du magasin.

— Mon Dieu, encore cette Jocelyne qui rapplique..., marmonna Audrey. Comme si je n'avais pas assez de soucis aujourd'hui !

— Qui est-ce ? demanda Sabrina.

Son mystérieux bégaiement avait disparu. Elle écouta les explications de Mme Holcomb tout en pliant les vêtements.

— Jocelyne Harrington a un père richissime. Mais, comme vous pouvez le constater, elle n'est pas gâtée par la nature ! Elle traîne ici pendant des heures, essayant tout ce qui lui tombe sous la main. Rien ne lui va, bien sûr ! Alors, elle repart furieuse en jurant que c'est la dernière fois. Hélas, elle revient toujours ! La pauvre est un cas désespéré ! Je suis injuste, mais je ne la supporte plus !

Sabrina réfléchit à toute vitesse :

— Mon heure d'essai n'est pas écoulée. Je peux vous dépanner. Si cette Jocelyne est mauvaise cliente, je ne risque pas de lui vendre quoi que ce soit... Vous n'avez rien à perdre !

— Excellente idée ! approuva Audrey. Restez avec elle cinq minutes. Ça m'étonnerait qu'elle ait envie de remettre les pieds ici !

— En revanche, si elle achète quelque chose, vous m'engagez ! On est bien d'accord ?

— Marché conclu !

Avant de regagner sa caisse, la gérante jeta un coup d'œil aux vêtements que Sabrina avait rangés, tout en les repassant magiquement au fur et à mesure.

— Impeccables ! Sans doute une nouvelle fibre miracle ! murmura-t-elle, stupéfaite.

Tout sourire, Sabrina alla retrouver Jocelyne :

— Bonjour ! Puis-je vous aider ?

— J'en doute ! répliqua la jeune fille d'un ton boudeur. Je ne trouve jamais rien de sympa dans cette boutique.

Petite et boulotte, elle avait des lèvres minces soulignées par une vilaine verrue. Tout clochait dans son visage ingrat. Ses yeux marron, trop rapprochés, louchaient affreusement. Une tignasse terne et frisottée encadrait ses grosses joues flasques.

— Aujourd'hui, ce sera peut-être différent, suggéra Sabrina.

— Je me demande bien pourquoi...

— J'ai le chic pour dénicher ce qui convient à chaque cliente !

Fouillant dans une rangée de tuniques en velours, Sabrina en décrocha une longue, vert mousse :

— Je suis sûre qu'elle vous ira ! Surtout si vous la coordonnez avec ce pantalon en maille vert bouteille. Venez, les cabines d'essayage sont par là.

Pas très convaincue, Jocelyne fronça les sourcils. Pourtant, une lueur d'espoir éclairait ses yeux en boutons de bottine. Malgré elle, la cliente suivit Sabrina. Quand celle-ci lui tendit le pantalon, Jocelyne hésita :

— C'est du stretch. Vous ne l'avez sans doute pas remarqué, mais je n'ai pas exactement la silhouette qui convient...

Sabrina lui sourit, encourageante :

— On a toutes nos petits défauts. Il suffit de trouver la tenue idéale pour les gommer. Ce tissu-là est une merveille. Il a l'art d'effacer les rondeurs, faites-moi confiance !

— Ça ne me coûte rien d'essayer.

Dès que Jocelyne eut tiré le rideau de la cabine, Sabrina amorça la phase 2 de son plan. Elle pointa du doigt vers le miroir le plus proche en murmurant une incantation :

Miroir, beau miroir,
Renvoie-lui l'image qu'elle désire voir.
Une Jocelyne mutine, avec du chic,
du chien, du charme.
Gracieuse, rieuse, radieuse.

Pourvu que le sort marche ! Elle jeta un coup d'œil du côté de la caisse. Audrey leva sept doigts en l'air.

« Plus que sept minutes ! »

Depuis l'encadrement de la porte, dans le dos de la gérante, Jenny faisait de grands signes à Sabrina. À cet instant précis, Jocelyne sortit de la cabine.

— Ça serre un peu ! geignit-elle en tirant sur le stretch épais du pantalon.

Jenny écarquilla les yeux. Audrey, horrifiée par l'association des deux verts, mit la main devant sa bouche pour ne pas hurler.

— Vous êtes superbe ! mentit gentiment Sabrina.

La malheureuse ressemblait à un concombre. Sabrina la mena jusqu'au miroir.

— Je n'ose pas regarder, pleurnicha Jocelyne en se voilant les yeux de ses mains grassouillettes.

Depuis la caisse, Audrey leva cinq doigts.

— Je pense que ça va vous plaire, insista Sabrina d'un ton enjôleur.

Avec douceur, elle écarta les mains de la jeune fille, qui soupira tristement. Ses yeux s'ouvrirent. Elle battit des paupières. Une expression de stupeur joyeuse illumina son visage ingrat.

— Oh, mon Dieu ! Oh, la, la ! C'est moi ? C'est bien moi ???

Sabrina se recula prudemment. Bras tendus, Jocelyne pirouettait devant le miroir enchanté. Elle était seule à percevoir le reflet dont elle rêvait.

— Je prends tout ! La tunique et le pantalon ! Si c'est possible, je les garde sur moi...

— Sans problème !

Dès que Jocelyne eut regagné la cabine

pour récupérer ses affaires, Sabrina leva le pouce en direction d'Audrey :

— Vendu !

— C'est dingue ! s'exclamèrent d'une même voix Jenny et Audrey.

Sabrina mit un doigt sur ses lèvres ! Silence, les filles ! Jocelyne se ruait déjà vers la caisse. Imperturbable, Audrey enregistra la vente. Puis elle prit une paire de ciseaux et ôta les étiquettes. Folle de joie, Jocelyne quitta la boutique en promettant de revenir très vite. Dans son élan, elle faillit renverser Jenny.

— Quelle heure, demain ? demanda Sabrina.

Audrey avait les yeux fixés vers l'allée où Melle Harrington venait de disparaître.

— Madame Holcomb ? Quelle heure, demain ? insista Sabrina.

— L'heure ? Euh... Dix heures. Ce sera parfait !

— Pas de problème ! lança Sabrina.

Elle récupéra son sac et sortit à toute vitesse. Des fois qu'un autre malaise ne compromette sa victoire !

— Qu'est-ce qui s'est passé ? lui demanda

Jenny quand elles s'arrêtèrent près de la fontaine.

À bout de souffle, Sabrina se laissa tomber sur un banc :

— Oh, c'est toute une histoire ! D'abord, Audrey n'a pas apprécié que je sois en jean. Ensuite, je me suis étalée par terre quand Libby et ses copines ont rappliqué.

— Libby est venue te narguer ? Quelle peste !

— Comme tu dis ! Enfin, elle est réquisitionnée tout le week-end à la Planète des Jouets. J'ai décroché le job ! À la dernière seconde, j'ai réussi à vendre un truc à Jocelyne Harrington qui n'achète jamais rien ! Voilà. Et pour toi, comment ça s'est passé ?

— Sans problème. Je sais lire. J'aime les livres. M. Jenkins n'en demande pas plus... Mais, Sabrina, cette fille était hideuse, habillée comme ça !

— Du moment qu'elle est contente, tout va bien, non ?

— L'avantage, avec les livres, c'est que le lecteur ignore à l'avance ceux qui vont lui plaire. Si un roman l'ennuie, il en veut à l'auteur, pas au libraire ! D'ailleurs, les ouvrages ne sont ni repris ni échangés. En revanche, j'ai peur que ta cliente rapplique pour se faire rembourser !

Sabrina sursauta. Elle ne craignait pas le retour de Jocelyne. Désormais, la malheureuse verrait dans chaque glace le reflet idéal dont elle rêvait. Sabrina avait simplement oublié de désenchanter le miroir du magasin.

« Pas question de tenter le sort tout de suite ! Ça attendra demain matin. Toutes les clientes vont adorer leur allure folle ! Audrey Holcomb passera une sacrée soirée si la boutique ouvre en nocturne !!! Mais elle sera soulagée quand elle me verra demain matin. Sauf, bien sûr, si je recommence à bégayer et à tituber comme une folle ! »

Fatiguée, Sabrina décida de rentrer chez elle. Sorcières de longue date, ses tantes lui expliqueraient son étrange maladie de l'après-midi. Zelda était une éminente scientifique, agrégée de physique-chimie. Hilda jouait du violon avec passion. Toutes deux souhaitaient que leur sorcière de nièce se débrouille dans la vie comme les mortels.

« Quand elles sauront que j'ai décroché le boulot de mes rêves ! Et sans utiliser mes pouvoirs magiques ! » Enfin, presque !

En poussant la porte de la vieille demeure, elle cria à tue-tête :

— Ohé ! Vous ne devinerez jamais ce qui m'arrive ! Figurez-vous que j'ai trouvé du travail !

Deux choses attirèrent alors son attention.

Primo, la ravissante inconnue du centre commercial l'attendait dans l'entrée.

Secundo, elle pointait du doigt vers elle.

Un déluge d'eau glacée s'abattit soudain sur sa tête !

4

Charmante cousine !

Le souffle coupé, Sabrina se frotta les yeux. Au-dessus de sa tête planait un seau renversé. Elle brandit l'index pour repousser l'inconnue.

Une étincelle jaillit de son ongle. Mais le charme lancé lui revint comme un boomerang. Catapultée en arrière à la vitesse de l'éclair, elle franchit à reculons la porte d'entrée et s'écroula de tout son long sur le porche.

« Que diable se passe-t-il au royaume des sorcières ? »

Furieuse et humiliée, elle se releva et dévisagea l'intruse. Celle-ci la défiait du regard, l'air de dire : « Essaie encore, si tu

oses ! On verra bien qui est la plus forte ! »
Sagement, Sabrina baissa les bras. La jeune fille, à n'en pas douter, était une sorcière plus expérimentée qu'elle. En outre, elle jouait de ses pouvoirs sur d'innocentes victimes. Après tout, Sabrina ne l'avait ni menacée ni insultée. Elles ne s'étaient même pas parlé !

Elle se souvint alors de l'attitude bizarre de l'inconnue à la boutique Top Mode. À plusieurs reprises, elle avait fait des gestes dans sa direction. Naïvement, Sabrina avait cru qu'elle sollicitait son aide. En fait, il y avait de fortes chances pour que la jeune fille lui ait jeté un sort. D'où ses malaises. Mais pourquoi ?

— Sabrina ? cria Hilda depuis l'escalier.

« Ouf ! »

Une mare s'était formée à ses pieds. Ses cheveux et ses vêtements trempés prouvaient qu'on lui avait joué un sale tour. Or, ses tantes étaient très strictes sur un point : la magie ne devait être utilisée qu'à bon escient, avec loyauté et sagesse. Jamais par pure malice.

« Sauf que je suis incapable de prouver

que cette fille a agi gratuitement, pour m'humilier ! »

Comme si elle lisait dans ses pensées, sa belle adversaire pointa du doigt et fit disparaître le seau.

— Alors, c'est quoi ce travail ? demanda Zelda qui arrivait de la cuisine.

Elle ne parut pas surprise en voyant l'inconnue :

— Oh, Tania, déjà de retour ? Le centre commercial t'a plu ?

Sabrina sentit une boule d'angoisse lui nouer la gorge. Désormais, c'était sa parole contre celle de la mystérieuse Tania. Et plutôt mourir que d'accuser sans preuves la jeune visiteuse !

— Pas mal ! Je me suis bien amusée ! C'est rigolo d'observer de simples mortels en train de faire leur minable petit shopping.

Depuis la dernière marche de l'escalier, Hilda marmonna :

— Espèce de sale chipie !

Tania eut un sourire méprisant en direction de Sabrina.

— En fait, mon petit tour a été très instructif, poursuivit-elle, mi-figue mi-raisin.

Devinant l'allusion, Sabrina se hérissa. Mais elle s'efforça de garder une voix posée.

— Mais enfin, qui es-tu ? demanda-t-elle.

— Oh, Sabrina, je suis désolée ! s'excusa Zelda en la prenant gentiment par l'épaule. Tania est une cousine éloignée. Elle va passer quelque temps chez nous.

— Ici ?

Sabrina pâlit. « Cette peste, chez nous, pas question ! » aurait-elle voulu hurler. Mais elle reprit sur un ton aussi poli que possible :

— Ah oui ? Et combien de temps ?

— Beaucoup trop longtemps pour mon goût, bougonna Hilda à voix basse.

Puis, changeant de sujet, elle lança :

— Viens à la cuisine, Sabrina. Je veux tout savoir sur ton job. On va en parler tranquillement, toi et moi.

Elle avait déjà pris la main de sa nièce pour l'emmener.

— Tu viens aussi, Tania ? demanda

Zelda, plus diplomate. J'ai fait un gâteau au chocolat. Il est très léger, tu verras...

— Un gâteau cuit dans un four traditionnel ? Pittoresque, mais très peu pour moi ! Quand j'aurai faim, je me zapperai un bon repas français, dit Tania en étouffant un bâillement. En attendant, si ça ne vous ennuie pas, je monte dans notre chambre. Je suis fatiguée.

Elle était déjà dans l'escalier.

— *Notre chambre !* siffla Sabrina tandis que Hilda la poussait vers la cuisine. Pas question que je partage mon lit avec cette... cette espèce de sorcière !

— Hélas, tu n'as pas le choix, ma chérie, répondit Hilda.

Se saisissant d'un couteau de boucher, elle le brandit au-dessus de sa tête. Puis elle abattit la lame pour trancher le gâteau en deux.

— Sers-toi !

— Je n'ai pas faim, gémit Sabrina en s'écroulant sur une chaise.

— Ridicule ! Rien de tel que le chocolat pour chasser la déprime quand on est confronté à un problème insoluble.

Hilda se léchait les doigts avec délices.

— Une pure merveille ! s'extasia-t-elle.

— Contente de voir que quelqu'un apprécie mes talents culinaires, bougonna Zelda en se laissant tomber à côté de sa nièce. *Pittoresque, mais très peu pour moi !* Non mais je rêve !

— Elle t'exaspère aussi, hein ?

Hilda planta sa fourchette comme un poignard dans sa part de gâteau. Sabrina n'avait jamais vu ses tantes dans un état pareil !

— Quel est le problème ? D'où sort cette Tania ? Que vient-elle faire chez nous ? Et pourquoi dois-je subir cette calamité ? s'enquit Sabrina.

— Explique-lui, Zelda, sinon je vais dire des gros mots, explosa Hilda. D'ailleurs, j'ai la bouche pleine.

— Tu es injuste, Hilda, plaida faiblement Zelda.

— Et tu crois que la famille de Tania se soucie vraiment de justice ? aboya Hilda. Ils manifestent juste une égale cruauté à l'égard de leurs victimes. Leur sens de l'équité se limite à ça ! Tu te souviens de cet été maudit qu'on a passé à Rome avec son père ?

— C'était quand ? l'interrompit Sabrina.

— Oh, en 62, il me semble, déclara Zelda.

— 1962 ? 1862 ?

Depuis qu'elle avait découvert son statut de sorcière, Sabrina avait appris que ce genre de précision n'était pas inutile. Dans l'Autre Royaume, la notion de siècle était pure broutille.

— 62 tout court, précisa platement Hilda. Je m'en souviens, poursuivit-elle, parce que c'est l'année où Néron a épousé cette arrogante petite peste de Poppée après avoir assassiné sa première femme, Octavie.

— Pas sûr ! la contredit Zelda. Les historiens prétendent qu'Octavie s'est suicidée...

— Néron l'a tuée, ricana Hilda. Ce type était fou à lier ! Un maniaque du pouvoir aux mœurs dépravées...

— Néron ? interrogea Sabrina, interdite. L'empereur qui a brûlé Rome ?

— Pour le coup, ce n'était pas lui le coupable, mais Quintus Jefferius !

— Jamais entendu parler de lui, avoua Sabrina.

— Jefferius, alias notre cousin Jeffrey. Le père de Tania. Le Magicien Maudit, si tu préfères. Il a tenté de nous transformer en mules. Et il était fou de rage parce que son charme a échoué...

— Le père de Tania voulait vous métamorphoser en mules ? Et il a brûlé Rome parce qu'il était vexé ?

Médusée, Sabrina en oubliait presque sa situation propre.

— En fait, expliqua patiemment Zelda, il a mis le feu à Rome pour annuler les Jeux du Cirque. Cette année-là, en 62, notre char était placé gagnant pour le Handicap Impérial du Colisée.

— Cote à deux contre un ! On était sûres d'emporter la compétition, se souvint Hilda en souriant. Jeffrey ne nous a jamais pardonné.

— Alors, pourquoi nous coller Tania sur le dos ? interrogea Sabrina.

— Ses parents se font du souci, expliqua

Zelda. Elle n'a jamais quitté l'Autre Royaume. Ils souhaitent qu'elle passe un peu de temps dans ce monde-ci. Elle doit réaliser combien l'existence des mortels est difficile. Et apprendre à les respecter. D'après eux, l'expérience sera plus enrichissante si elle partage la vie d'une fille de son âge.

— Une fille dans mon genre, c'est ça ?

Les deux tantes acquiescèrent en évitant son regard.

— Je ne suis pas de cet avis, décréta Sabrina. Tania ignore le sens du mot « respect ». Croyez-moi, j'en sais quelque chose. Tel père, telle fille !

— Comment peux-tu affirmer une chose pareille ? s'énerva Zelda. Tu viens de la rencontrer.

Sabrina voulut raconter l'épisode du seau d'eau glacée. Sans compter les charmes maléfiques qui l'avaient fait bégayer et perdre l'équilibre. Mais quelque chose lui soufflait que cela ne résoudrait rien.

— Oh, une simple intuition, marmonna-t-elle.

— De toute façon, tu n'as pas le choix,

affirma gravement Zelda. Souhaitons que l'expérience vous soit à toutes les deux profitable. Nous nous sommes engagées auprès de Jeffrey. Essaie de voir le bon côté des choses...

— Et si Tania me réduit en chair à pâtée, hein ? Vous y avez pensé ? Ça vous est égal, peut-être !

— Là, Sabrina a marqué un point ! remarqua Hilda.

— Oh, toi, je t'en prie, ne rends pas les choses plus difficiles ! lança Zelda, à bout d'arguments.

« D'accord, elles flippent autant que moi ! Autant faire contre mauvaise fortune bon cœur ! Plus vite j'initierai Tania aux modes de vie des mortels, plus tôt je serai libérée de sa présence. »

— Juste une question.

— Vas-y !

— Supposons que je fasse de mon mieux mais que Tania ne change pas... On devra la garder avec nous ?

— Pas nécessairement ! glissa Hilda avec un drôle de sourire.

— Et maintenant, si tu nous parlais de

ce travail ? interrogea Zelda, comme pour empêcher Hilda d'en dire plus.

Sabrina leur expliqua le mécanisme du stage mis en place entre son lycée et le centre commercial. Soudain enthousiaste, elle réalisa que, grâce à son job, elle ne serait pas obligée de passer le week-end avec Tania.

— Exact ! acquiesça Zelda. Mais que fais-tu ce soir ?

— Je retrouve Harvey et Jenny à la Pizz'ah...

Elle s'interrompit, horrifiée. Une dizaine de scénarios catastrophe se bousculèrent dans sa tête. Tania jetait un sort à Jenny qui se retrouvait avec des cheveux verts et des dents de lapin. Les pizzas, dotées d'un œil de cyclope et d'ailes de chauve-souris, volaient en tous sens. L'huile piquante s'embrasait d'elle-même, puis mettait le feu aux rideaux. Fou furieux, le gentil patron rondouillard massacrait sa clientèle à la tronçonneuse. Elle-même devenait invisible et Harvey tombait amoureux de Tania.

— Mais je vais annuler ! s'écria-t-elle en se précipitant sur le téléphone.

Zelda l'arrêta :

— Propose plutôt à Tania de t'accompagner. Présente-lui tes amis. Donne-lui sa chance !

Vaincue, Sabrina accepta. Autant jouer le jeu ! Certes, leurs relations avaient pris un mauvais départ. Mais Tania avait sans doute ses raisons pour se conduire en si méchante sorcière. Peut-être avait-elle un petit ami dans l'Autre Royaume ? Dans ce cas, elle était furieuse d'être séparée de lui. Qui sait si elle ne se sentait pas perdue en ce bas monde ? Tout comme Sabrina l'avait été le premier jour dans son lycée. Ce n'était pas facile à vivre...

« Après tout, on a le même âge ! Comme moi, elle est adolescente et sorcière. On pourrait échanger des trucs, se confier des secrets. Même à Jenny, je ne peux pas tout dire ! »

Bien décidée à repartir du bon pied, elle se dirigea vers l'escalier.

— As-tu vu Salem ? lui cria Hilda d'une voix inquiète depuis la cuisine.

Soudain paniquée, Sabrina monta les

marches quatre à quatre et se rua dans sa chambre.

Mollement allongé sur le couvre-lit, Salem ronronnait de bien-être. Tania le gratouillait derrière les oreilles.

— Un peu plus à gauche... Ahhhh, ouiiii, encore ! gémissait-il.

« Il n'a pas besoin d'aide, réalisa Sabrina, soulagée. Et je parie que Tania regrette déjà son attitude hostile ! »

— Vous semblez bien vous entendre, tous les deux, lança-t-elle gentiment.

— Elle a des doigts de fée ! s'extasia Salem. C'est une authentique princesse qui nous est tombée du ciel ! Ce soir, pour une fois, je me réjouis d'être un chat !

Tania ne leva pas les yeux. Sabrina tenta de briser la glace :

— Salem rêvait de devenir empereur du monde... Le Conseil des sorciers l'a puni. Il est condamné pour cent ans au statut de félin. C'est un compagnon agréable, mais quel farceur ! Entre autres (je te préviens), il adore les blagues au téléphone. Il m'appelle en se faisant passer pour quelqu'un d'autre...

— Comme Harvey, par exemple, gloussa Salem.

— Les chats sont si espiègles !

— Pourquoi te crois-tu obligée de babiller comme une imbécile ? bougonna Tania.

Sabrina joua franc-jeu :

— Je ne voudrais pas être désagréable, mais quel est ton problème ?

— Mon problème ? ricana Tania. Je n'en ai pas. C'est toi qui en as un !

— Ah bon ? Et lequel ?

— Tu es à moitié mortelle. Moi pas.

Repoussant Salem, elle se planta devant Sabrina, la transperçant de son regard bleu.

— Ce qui signifie ? demanda Sabrina.

— Mes pouvoirs sont infiniment plus grands que les tiens.

— Et alors ? Pourquoi est-ce un problème ? Harvey court plus vite que moi. Jenny lit Tolstoï en russe. Ça ne nous empêche pas d'être amis ! Explique-moi !

— Tu veux vraiment savoir ?

D'un geste vif de l'index, Tania transforma Salem en peluche rose.

— Arrête..., protesta Sabrina.

Elle ne poursuivit pas. Tania pointait du

doigt sur elle, lui clouant les lèvres. Une chaleur intense l'envahit de la tête aux pieds. Elle pivota et poussa un cri en se voyant dans la glace. Ridée, bossue, elle avait de longs cheveux gris et sales. Le portrait craché de l'horrible vieille sorcière au nez crochu !

— Voilà pourquoi ! conclut Tania.

5

Au secours !

Sabrina faillit hurler. Elle se retint à temps. « Tania n'attend que ça ! » se dit-elle.

Sa diabolique cousine s'était installée dans un fauteuil pour l'observer tranquillement. Contente d'elle, elle balançait avec grâce ses longues jambes.

« Elle attend que je me jette à ses pieds ! Que je la supplie d'inverser son mauvais sort. Eh bien, non ! Pas question ! »

Sabrina s'examina attentivement dans la glace. Son visage ridé était maculé de taches de vieillesse. Entre deux touffes de cheveux gris, on voyait son crâne. Une énorme verrue hérissée de poils soulignait son menton en galoche. Ses yeux larmoyants disparaissaient dans des replis de chair flasque et fripée. Toute ratatinée, elle avait perdu cinq bons centimètres. Son jean et son tee-shirt flottaient sur sa silhouette squelettique.

« Pas de panique ! se dit-elle. Réfléchissons. Inutile d'espérer : seule Tania peut défaire sa magie. Quant à lui rendre la monnaie de sa pièce, mieux vaut y renoncer. Même si j'y parviens, elle est capable de se transformer en couleuvre pour filer d'ici ! Et moi, je serais condamnée pour l'éternité à rester dans ma peau de vieille bique ! Sans compter le malheureux Salem métamorphosé en peluche rose... »

— Amusant ! C'est mon portrait dans mille ans ? s'enquit Sabrina d'une voix chevrotante.

Elle sourit, dévoilant ainsi une mâchoire édentée.

— Pas exactement, corrigea Tania, perfide. C'est ce à quoi tu vas ressembler pour toujours.

« Un nouveau plan ! Et vite ! »

Tania avait forcément un point faible.

Mais lequel ? Fébrile, Sabrina repassa dans sa tête tout ce qui s'était passé depuis leur rencontre au centre commercial. Voyons... À Top Mode Tania lui avait jeté un sort qui la faisait bégayer. Mais elle l'avait annulé en quittant la boutique. Plus tard, dès qu'elle avait entendu Hilda dans l'escalier, toute trace de l'inondation avait disparu... Il y avait peut-être un espoir.

Envahie de rhumatismes, Sabrina clopina dans la pièce en hochant la tête :

— Je me demande ce que mes tantes vont en penser...

Pas de réaction ! Pour accentuer son aspect pathétique, Sabrina se massa les reins en gémissant. Puis elle se pencha avec peine et récupéra Salem sur le lit. Berçant la peluche dans ses bras, elle murmura :

— Les pauvres ! Elles sont folles de leur chat !

Comme si elle l'avait entendue, Hilda se manifesta dans le couloir :

— Sabrina ? Salem est avec toi ? cria-t-elle.

— Oui ! Mais viens le prendre ! Je préfère !

Une lueur de panique brilla dans les yeux de Tania. Elle pointa deux fois du doigt. Le chat et Sabrina retrouvèrent leur apparence normale.

« Ouf ! Sauvés par le gong ! Tania la Terrible a peur de mes tantes ! Voilà l'antidote à ses méchants sortilèges ! »

Le poil hérissé, crachant et sifflant, Salem fila comme une flèche dès que la porte s'entrouvrit.

— Que lui arrive-t-il ? s'étonna Hilda.

— Il était tout ballonné... Sans doute un truc qu'il a mangé, suggéra Sabrina. Tu le connais ! Il s'est sûrement empiffré de thon !

« Libre à Salem de moucharder... Je ne risquerai pas les foudres de Tania en la dénonçant ! »

— Et vous deux, comment ça se passe ? interrogea Hilda.

— Oh, on jouait au portrait chinois ! marmonna Tania, sarcastique.

— Au portrait chinois ?

— Oui, tu sais : Comment serais-je si j'étais un jouet, un personnage de film d'épouvante, etc. expliqua Sabrina. Tu vas trouver ça puéril, mais c'est terriblement instructif !

— Eh bien, désolée, mais vous allez jouer sans moi ! Zelda donne une conférence à l'université. J'ai promis de l'accompagner.

— Sur la théorie des quanta ? Le sujet vachement compliqué sur lequel elle travaille en ce moment ? Ce truc qui la passionne ?

Sabrina s'efforçait de retenir sa tante. Tout en posant une rafale de questions, elle se mit à quatre pattes pour attraper son manuel de magie sous le lit. Il devenait urgent de le consulter ! Et en présence de sa tante pour éviter un sort malencontreux !

— Amusez-vous bien à la Pizz'ah. Et ne rentrez pas trop tard !

Hilda avait observé le curieux manège de sa nièce sans aucun commentaire. Elle jeta un coup d'œil sur l'ouvrage que Sabrina serrait contre elle et quitta la pièce.

— C'est quoi, la Pizz'ah ? demanda Tania.

— Un petit restau sympa où je retrouve mes amis. On discute, on joue au flipper...

— Passionnant ! Je crois que je préfère dormir.

Sabrina ne demandait pas mieux !

— Tu n'es pas obligée de venir. En fait, c'est un endroit très quelconque...

Tania eut un petit sourire machiavélique :

— Tout bien réfléchi, je t'accompagne, finalement ! Mes parents veulent que j'observe le comportement des mortels. Voilà une occasion en or !

— Comme tu veux ! On grignote quelque chose avant ?

— Non. Je vais faire une sieste pour être en forme à ma première soirée en ce bas monde.

Elle zappa une chemise de nuit en satin crème et se mit au lit.

— Réveille-moi au moment de partir ! Et, au fait, Sabrina, fais gaffe ! Tes tantes ne pourront pas te protéger vingt-quatre heures sur vingt-quatre !

Sabrina dévala l'escalier et se précipita dans la cuisine.

— Tante Hilda ? Tante Zelda ? hurla-t-elle.

Avec prudence, Salem émergea du placard à provisions.

— Parties ! annonça-t-il. La voie est libre ?

— La sorcière du haut dort.

Sabrina jeta son livre sur la table. Elle s'empara d'une part de gâteau et maugréa :

— Pourquoi m'ont-elles abandonnée sans me dire au revoir ? Elles ne m'ont jamais fait un coup pareil !

— Il y a une première fois à tout, philosopha Salem qui se léchait les moustaches avec application.

— Et pourquoi diable Hilda assiste-t-elle à cette conférence ? D'habitude, elle se défile ! Elle prétend que les savants l'ennuient à mourir !

— Il y a une première fois à tout !

Le chat avait bondi sur un tabouret. Sabrina l'observa avec suspicion :

— Pourquoi répètes-tu toujours la même chose ?

— Ce doit être une séquelle de ma période rose ! Et si je m'assommais pour de bon avant que cette harpie me transforme en lapin de caoutchouc ?

— Un conseil, Salem : planque-toi tant qu'elle est dans les parages ! Évite de montrer le bout de ton nez, sauf en présence de Zelda et Hilda. Hé, attends un peu !

Soudain, Sabrina eut une illumination :

— C'est ça, hein, Salem ? C'est ça, le truc ?

— Hum... De quoi veux-tu parler ?

— Ne joue pas au plus fin avec moi ! Si tante Hilda est sortie avec Zelda, c'est pour m'obliger à me débrouiller seule avec Tania... Vrai ou faux ?

— Il y a une première fois à tout, éluda Salem.

— Donc, c'est vrai ! Je dois m'en sortir seule. Mais que faire ?

— Pour mon dîner ? Du thon !

— Je parle de Tania ! Ne fais pas l'imbécile, Salem ! Elle t'a métamorphosé en peluche rose ; moi, en vieille bique. Uniquement pour prouver qu'elle est la plus forte !

— Ouais. Et alors ?

— Alors ? Tu imagines ma soirée ? Et si elle me transforme en cochon rose pour épater mes amis ? Un cochon rose à la pizzeria ! Je vois d'ici la tête du patron !

— Ne sois pas hystérique !

— Mais je ne suis qu'une apprentie sorcière ! À demi mortelle, en plus. Comment puis-je lutter à armes égales avec elle ?

— À armes égales ? C'est Tania qui t'a mis cette idée dans la tête ?

— Oui. Enfin, je crois. Pourquoi ?

Salem arbora un air innocent :

— Oh, je disais ça comme ça !

— Attends, Salem ! Tu penses que mes pouvoirs sont égaux aux siens, n'est-ce pas ?

— Moi ??? Je ne suis qu'un chat ! Je ne pense pas !

Salem leva des yeux affolés vers l'escalier, là où se trouvait le placard à linge. Le fameux raccourci qui menait droit au Conseil des sorciers.

« On me cache quelque chose, songea Sabrina. La visite inopinée de Tania a une raison précise. Mais laquelle ? »

— D'accord, dit-elle en réfléchissant à voix haute. Admettons que nous disposions de pouvoirs équivalents. Comment lui rendre la monnaie de sa pièce ? Et si elle s'en prend à mes amis ?

— Attention ! siffla Salem. On ne s'attaque pas à une autre sorcière sans l'accord du Conseil !

— Alors, d'après toi, quelle est la meilleure stratégie ?

— L'apprentissage de la vie est une expérience personnelle, Sabrina. Fais tes preuves... Trouve ton propre système de défense !

— J'ai compris ! Je passe une épreuve ! Un test ! s'exclama Sabrina.

Le chat se hérissa, paniqué. Comme s'il redoutait qu'une instance surnaturelle le punisse d'avoir trop parlé. Ne constatant aucune présence suspecte, il soupira de soulagement. Puis, fermant les yeux, il s'installa pour une petite sieste.

« Pas besoin d'être un génie pour comprendre, se dit Sabrina. C'est bel et bien une épreuve. De quel genre ? Je l'ignore ! En tout cas, Salem a pris un sacré risque en me mettant sur la voie. Donc, la prudence s'impose ! »

Son regard tomba sur le manuel de magie.

« Sorcière contre sorcière... Le livre évoque sûrement ce sujet ! »

Elle consulta l'index. Gagné ! Hélas, toutes les pages indiquées étaient... blanches !

— C'est quoi, ce truc nul ? maugréa-t-elle.

— Je jure de ne rien dire, même sous la torture..., geignait Salem dans son sommeil.

Dépitée, Sabrina referma son manuel. Un nuage de poussière s'en échappa. En toussant, elle leva les yeux vers le portrait de sa tante sorcière, Louisa. Ça alors ! Une fermeture Éclair, peinte en rouge vif, cousait les lèvres de la vieille dame !

« D'accord, alerte maximale ! *On* a décidé de me confronter à un rituel initiatique spécial. Un truc magique zarbi dont j'ignore tout ! Mes tantes ont lâchement déserté. Salem ronfle. Le livre est muet, le portrait a la bouche cousue... Super ! »

— Et mes meilleurs amis qui vont rencontrer ce soir l'impitoyable Tania ! Les pauvres ! gémit Sabrina.

6

À chipie, chipie et demie !

— À pied ? Ça ne va pas, non ?

Plantée sur le pas de la porte, Tania râlait déjà.

« Patience, s'ordonna Sabrina. Laisse-lui le temps de s'adapter à nos modes de vie. »

Elles avaient un quart d'heure de retard. Pour se protéger de ses mauvais sorts, la jeune sorcière avait mis l'orgueilleuse Tania au défi : serait-elle capable de se conduire toute la soirée comme une simple mortelle ? Le chantage avait marché. Faute de pouvoir zapper une tenue magique, Tania avait mis un temps fou à s'habiller. Elle avait choisi ce qu'elle avait trouvé de plus élégant dans la penderie de sa cousine : pantalon noir moulant, boots à lacets, petit haut en lamé or. Sabrina avait finalement transigé sur le maquillage :

— OK, vas-y ! Utilise ta magie ! Sinon, on n'en sortira jamais...

Le résultat était époustouflant. Tania avait l'air d'un top model !

« Pourvu que Harvey ne craque pas ! » songea Sabrina.

— Allez, Tania ! On y est presque ! Les mortels marchent. Certains aiment ça !

— Mais c'est si primitif !

— Imagine la fierté de tes parents quand ils sauront que tu utilises tes pieds pour te rendre d'un endroit à l'autre !

Sabrina préférait ne pas montrer ses faiblesses en moyens de transport surnaturels. D'après ses tantes, ce n'était qu'une question de temps et de pratique. Pour ses déplacements quotidiens, elle n'en avait guère besoin. Bien sûr, zapper pour se retrouver instantanément au cœur de l'Afrique ou au sommet de l'Everest était tentant ! À condition de ne pas atterrir sur une paroi verglacée ou au milieu de lions affamés...

— Alors, allons-y ! décida Tania.

Elle partit d'un pas vif. Sabrina admit qu'elle faisait preuve de bonne volonté. Peut-être que si chacune y mettait du sien, tout se passerait bien.

— En fait, je trouve ça très revigorant, lança Tania en accélérant.

— Moi aussi !

Elle n'allait pas faire la course avec sa cousine ! Elle la laissa prendre de l'avance. Toutes deux disputaient une épreuve mystérieuse. Tania était prête à tout pour gagner.

« J'ignore les règles du jeu. Mais ça m'étonnerait qu'il s'agisse d'un marathon ! »

— Hé, reviens ! cria-t-elle. Nous tournons à droite. Ralentis, on est arrivées !

Haletante, Tania observa la façade rustique de la pizzeria :

— Bof, c'est ça ?

Puis, se forçant à sourire, elle ajouta :

— Passe devant !

Sabrina hésita.

— Allez, n'aie pas peur ! Avance !

Sabrina entra la première. Depuis une table, Jenny lui fit signe. Harvey tournait le dos à la porte. Il regarda dans leur direction, sourit et faillit laisser tomber sa part de pizza. Le brouhaha des conversations s'interrompit ; le bruit des flippers cessa. Tout le monde les dévisageait.

« Que se passe-t-il ? se demanda Sabrina affolée. Elle m'a transformée en petite femme verte pendant que je passais devant ? »

Puis elle réalisa que ce n'était pas elle qui attirait l'attention. Tous les regards étaient braqués sur la beauté brune aux yeux bleus qui l'accompagnait.

— Tu avais raison ! Je vais adorer cette soirée, déclara Tania, flattée.

« Ouf ! »

Sabrina fit un détour pour éviter la table où elle avait repéré Libby. Celle-ci était entourée de Jill, de Sissi et de trois joueurs de l'équipe de foot du lycée. Larry Carson, le bouillant capitaine, s'était déjà levé. Il montrait son tabouret vacant :

— Hé, salut, beauté ! Viens donc t'asseoir avec les gens branchés !

— Non, merci, répliqua Tania d'un ton froid.

Pointant l'index vers le colosse blond, elle le força à se rasseoir contre son gré. Ahuri et penaud, il n'osa plus ouvrir la bouche.

— Les simples mortels ne traitent pas les joueurs de foot comme des poupées de chiffon, murmura Sabrina à l'oreille de sa cousine.

— Mais ce type était si grossier ! siffla Tania.

— Je n'ai pas dit qu'il ne le méritait pas. Simplement, fais gaffe ! Toi, tu vas retourner dans l'Autre Royaume. Moi, je vis ici !

— D'accord ! Je ferai attention !

Croisant les doigts, Sabrina la poussa jusqu'à la table de ses amis :

— Désolée de mon retard ! Je vous présente ma cousine Tania qui est arrivée à l'improviste.

Harvey décocha son plus charmant sourire à la nouvelle venue en lui offrant une part de pizza. Fronçant le nez, elle hésita :

— Oh, euh, merci... C'est ça, la pizza ? Intéressant !

Jenny lui tendit une serviette en papier :

— Tu n'y as jamais goûté ?

— Elle mène une vie très retirée, inventa Sabrina. En Amérique du Sud. Dans un petit village perdu en pleine jungle. On ne trouve pas beaucoup de pizzerias, là-bas.

Jenny se mit à rire :

— Tu vas aimer, Tania. Crois-moi ! Une fille qui oblige Larry Carson à se rasseoir, comme s'il avait été heurté par un dix-huit roues, digère une part de pizza aux poivrons sans problème !

— Un dix-huit roues ?

— Un poids lourd, expliqua Harvey. Évidemment, tu ne dois pas en croiser souvent dans la jungle.

L'œil mauvais, Tania pivota vers Jenny, l'index pointé en l'air :

— Un poids lourd ! Tu oses me traiter de poids lourd !

Il y eut un violent coup de tonnerre suivi d'éclairs. Des garçons se ruèrent dehors pour remonter les vitres de leurs voitures.

Inconsciente du danger, Jenny s'excusa en souriant :

— C'était une image !

— Un compliment, précisa Sabrina. Personne ne s'attaque jamais au défenseur de l'équipe de foot.

— Et il était temps que quelqu'un le fasse, insista Jenny. D'accord, il est costaud et beau mec. Mais il se conduit vraiment comme une brute épaisse !

Rassérénée, Tania considéra Jenny pensivement :

— Tu veux que je le transforme en singe ?

— Oh, j'adorerais voir ça ! s'écria Harvey.

Vive comme l'éclair, Sabrina bondit. Elle prit la main de sa cousine avant qu'elle puisse pointer :

— On joue au baby-foot ?

En moins de dix minutes, Tania avait perdu patience. Manipuler des joueurs en bois, et puis quoi encore ? De guerre lasse, Sabrina la laissa explorer les flippers, plus adaptés à son tempérament volcanique.

Cette soirée se passait mieux que prévu. Tout en surveillant Tania du coin de l'œil, elle entama avec Harvey une autre partie de baby-foot.

« Je déteste Sabrina ! J'ai horreur de jouer les simples mortelles ! Et, par-dessus tout, je hais l'idée d'être gentille ! »

Tania grinçait des dents en se défoulant sur le flipper. Chaque score marqué attisait sa rage. Elle était sorcière, que diable !

« Pourquoi faire compliqué quand on peut faire simple ? Je me fiche de ce qu'en pensent mes parents ! Sabrina m'a eue avec cet argument. Quelle idiote j'ai été de relever son défi ! »

— On ne s'est pas déjà rencontrées au centre commercial ?

La question inattendue brisa la concentration de Tania. La balle échappa à son contrôle et elle perdit la partie. Trop, c'était trop ! Elle allait réduire l'intruse au silence. Ensuite, elle s'occuperait de Sabrina. Index pointé, elle se tourna vers... Libby !

Tania l'avait vue à l'œuvre à la boutique Top Mode ! Toutes deux avaient un point commun : elles méprisaient Sabrina. Une alliée parmi les mortels ? Après tout... pourquoi pas ? Rengainant son doigt vengeur, Tania sourit.

— En effet, répondit-elle, on a dû se croiser à la boutique Top Mode.

— Tu n'y es pas restée longtemps, constata Libby.

— Non, j'étais embarrassée. Voir ma cousine Sabrina bégayer comme ça...

— Ta cousine ? Impossible ! Mais tu es bien trop classe pour être de la famille de quelqu'un d'aussi...

— Plouc ?

— C'est un peu ça, oui, admit Libby, prudente. La pauvre n'a aucune allure !

— Exact, confirma Tania. Et ce job ne lui convient pas du tout ! Comment peut-elle conseiller des gens aussi branchés que toi et moi, par exemple ?

Libby détailla la tenue de Tania :

— Ce que tu portes ce soir est ab-so-lument parfait ! Sabrina, elle, est plutôt ringarde côté look...

— Ah oui ?

« Elle n'a pas remarqué que j'ai emprunté les vêtements de ma cousine. Parfait ! »

— C'est moi qui aurais dû avoir ce job ! lui confia Libby à voix basse. J'ignore comment Sabrina s'y est prise mais je la soupçonne d'avoir triché. Résultat, je me retrouve coincée au magasin de jouets !

— Je suis désolée pour toi, euh...

— Libby ! Capitaine des pom-pom girls !

— Tania ! Enchantée !

« Super ! J'ai ferré le bon poisson ! pensa Tania. Si je m'acharne sur Sabrina pour le plaisir, ses tantes se plaindront à mes parents. Ils me condamneront à rester éternellement en ce bas monde. Or, Libby me donne un excellent prétexte ! Sabrina a mal agi, je dois la punir. Et, si ça tourne mal, j'ai une responsable toute trouvée : Libby ! »

— Écoute, chuchota Tania, vu son attitude nulle à la boutique, Sabrina n'y restera pas longtemps. Si on déjeunait ensemble demain pour trouver un plan ?

— Super ! On se retrouve au snack à midi ?

— Impeccable ! Et habille-toi classe... Si Sabrina perd son job, ce sera à toi de jouer !

7

De mal en pis...

Quand Tania regagna leur table, Sabrina paniqua complètement. Sa sorcière de cousine n'avait pas discuté longtemps avec Libby, pourtant, son sourire satisfait en disait long...

— Alors, tu as eu plus de chance au flipper ? s'enquit Jenny.

— Pas mal, oui... J'allais gagner quand cette idiote m'a interrompue !

« Et tu ne l'as pas transformée en crapaud ??? Tu fais de sacrés progrès ! Je t'ai sans doute mal jugée », songea Sabrina, honteuse.

— Sabrina, tu commences à quelle heure demain ? lui demanda Harvey.

— Dix heures. Et toi ?

— Pareil ! Et tu finis quand ?

— Ouh là ! Pas avant cinq heures !

Tania ne les quittait pas des yeux. Amusée et attendrie, Jenny les observait aussi. Ils n'échangeaient en public que des banalités, mais elle savait qu'ils étaient attirés l'un par l'autre.

— Dommage ! regretta Harvey. Je suis libre plus tôt. On aurait pu aller au cinéma !

— J'adorerais voir un film ! s'écria Tania. Si tu veux, je t'accompagne puisque Sabrina est prise !

Tout en parlant, mine de rien, elle pointa du doigt.

— Ma foi, si ça ne l'ennuie pas... dit Harvey, pris au dépourvu.

« Non ! Pas question ! »

Cette protestation résonna dans la tête de Sabrina. Mais ses lèvres n'avaient pas bougé et aucun son n'en sortit.

— Tu vois, ça ne l'ennuie pas du tout ! déclara Tania sans la regarder.

Jenny fronça les sourcils. Soudain muette, Sabrina hochait frénétiquement la tête.

— Alors, on fait comme ça ! décida

Harvey. Tu aimes les films d'action ? On passe *Flic à Malibu* à la séance de 15 heures.

Le jeune homme n'avait pas réalisé qu'il se passait quelque chose de bizarre.

« Jenny se demande pourquoi je ne dis rien, se dit Sabrina, paniquée. Elle croit que je suis d'accord ! Après tout, ma cousine a le droit d'aller au cinéma... Pourtant, elle voit bien que Tania drague mon petit ami sous mes yeux... »

Déchiffrant l'expression anxieuse de son amie, Jenny intervint :

— Ça tombe bien ! Je meurs d'envie de voir ce film ! Pourquoi... hic ! ne... hic ! nous... hic !

Plaquant une main devant sa bouche, elle se précipita aux toilettes.

« Cette peste a donné le hoquet à Jenny ! soupçonna Sabrina. Cette fois, elle est allée trop loin ! »

Elle pointa un index vengeur vers sa cousine en marmonnant intérieurement :

Frisettes et frisottis, frisez fissa,
Drus et crépus ! Hou ! hou !
Frisée comme un toutou,
Laide comme un pou !

Aussitôt, elle sentit une étrange chaleur lui envahir le crâne. Harvey la contemplait, sidéré :

— Sabrina ! Qu'est-il arrivé à tes cheveux ?

Ceux de Tania, souples et brillants, cascadaient toujours sur ses épaules. La cousine infernale annula le charme qui condamnait Sabrina au silence et demanda d'un air innocent :

— Oui ? Que se passe-t-il ?

Sabrina se passa la main dans les cheveux : ils étaient rêches et crépus ! Son sort s'était retourné contre elle. Mais comment ?

« Oh, mon Dieu ! Tout le monde me regarde ! J'aurais préféré qu'elle me rende invisible ! »

Se ressaisissant, elle ordonna à voix basse :

— Jenny ! Qu'elle revienne tout de suite !

Tania agita la main en direction des toilettes. Une seconde plus tard, Jenny réapparaissait.

— Bizarre, dit celle-ci, troublée. Mon

hoquet a cessé d'un seul coup, comme si... Oh, mon Dieu, Sabrina ! Qu'as-tu fait à tes cheveux ?

— Ce doit être l'humidité... Il y a une bouche d'aération juste au-dessus de ma tête !

Ouf ! Jenny allait bien ! Mais Sabrina décida que la soirée était terminée. Aucun mortel n'était à l'abri des cruelles facéties de l'incorrigible sorcière.

— On part ! lança-t-elle à Tania.

— Où vas-tu ? lui cria Jenny.

— Je rentre. J'ai besoin d'un shampooing tout de suite... À demain, vous deux !

Tania dormait. Assise au bord de la baignoire, Sabrina pansait tant bien que mal ses blessures d'amour-propre. Troisième application de baume démêlant ultra-riche. Cette fois, ça allait marcher ! Il le fallait bien, le flacon était vide... Et pas question d'essayer un contre-charme magique et risquer la calvitie !

« Je dirai à Audrey Holcomb que le coiffeur m'a fait un gaufrage... Elle ne sera pas ravie, mais, cheveux lisses ou pas, j'irai à la boutique demain ! »

Primo, ça l'éloignait de Tania.

Secundo, elle voulait ce job.

Tertio, Libby serait trop contente de lui piquer sa place !

Elle fit masser la crème verte avant de rincer ses cheveux. Sous le jet de la douche, elle songea avec remords aux sorts qu'elle-même avait jetés à Libby en tant qu'apprentie sorcière. D'abord, elle l'avait transformée en ananas. Ensuite, le cavalier de rêve de la pom-pom girl avait mystérieusement disparu au terme d'une soirée mémorable.

« Mais je me défendais contre ses vacheries ! Tania humilie les gens par plaisir. Elle se venge parce que je suis à demi mortelle ! C'est injuste ! »

Elle drapa une serviette de toilette autour de ses cheveux sans oser regarder le résultat. L'espoir fait vivre ! En plus, elle mourait de faim. « J'ai besoin d'une tranche de gâteau au chocolat et d'un peu de calme. » Enfilant sa vieille robe de chambre, elle descendit à la cuisine sur la pointe des pieds.

Hilda s'y trouvait déjà, engloutissant gâteau et crème glacée.

— Une petite fringale nocturne, à ce que je vois ?

Zappant vers un tiroir, sa tante déclencha une envolée de couverts. Sabrina cueillit une fourchette au passage et s'attabla à ses côtés.

— Tu t'ennuyais à la conférence de Zelda ?

À cet instant, une petite cuiller en argent faillit la percuter.

— Désolée, grommela Hilda en refermant magiquement le tiroir. J'ai l'impression qu'on a intérêt à se tenir à carreau, en ce moment.

— Tant que Tania dort, on a une petite chance de survivre, soupira Sabrina.

— C'est dur à ce point ? demanda Hilda, un peu inquiète.

— Oh, sans doute pas plus que d'assister à un colloque sur la théorie des quanta !

Aussitôt, l'incorrigible Hilda retrouva son sens de l'humour :

— Tu sais, j'ai vu pire ! Figure-toi que Drell, mon fiancé, m'obligeait à gaver des artichauts ! Ça l'amusait de les voir exploser !

Sabrina la soupçonna d'avoir inventé cette anecdote ridicule pour la détendre. En tout cas, ça avait marché ! Elle sourit un peu :

— Tania a bien failli transformer le capitaine de l'équipe de foot en chimpanzé ! Quant à moi, elle me pourrit la vie. Rigolo, non ?

Hilda ne réagit pas. Soucieuse, elle touillait sa glace avec une fourchette.

— J'aimerais te faciliter les choses, marmonna-t-elle. Hélas...

— Je sais. Tu n'y peux rien ! J'ai décodé le message.

— Tu dois gérer la situation seule.

— Ne t'inquiète pas, je comprends. Ne t'attire pas d'ennuis en enfreignant les consignes occultes. Chez les sorcières aussi, le règlement, c'est le règlement !

— Exact, approuva Hilda. Quoique certaines personnes se permettent des entorses...

— C'est-à-dire ?

— Eh bien, les sorciers obéissent à un code moral très strict, n'est-ce pas ? À côté de ça, de jeunes sorcières harcèlent de simples mortels, tu me suis ?

« Vas-y ! Précise ta pensée... », la supplia mentalement Sabrina.

— Sauf que c'est nul ! poursuivit Hilda. Puisque la sorcière a l'avantage sur les humains, il n'y a pas de quoi se vanter !

« Ça dépend ! » songea Sabrina. Elle était parfois contente de vaincre cette peste de Libby.

— En revanche, reprit Hilda en surveillant sa nièce du coin de l'œil, sorcière contre sorcière, voilà un vrai défi !

— Une sacrée corvée, oui !

— Pas contre Tania ! Tu as de la chance, Sabrina.

— Mais ça ne me réconforte guère, soupira Sabrina. Imagine qu'elle m'oblige à manger du foin ! Et si elle savait que son père a failli vous métamorphoser en mules, Zelda et toi !

— Ne t'en fais pas ! Il ne réussirait plus ce coup-là aujourd'hui ! Écoute, Sabrina, je ne devrais pas te prévenir, mais... Sois très, très prudente !

Un coup de tonnerre suivi de violents éclairs secoua la maison.

— Au lit !

Hilda sauta sur ses pieds. En un clin d'œil, elle avait rangé la cuisine et était montée se coucher. Perplexe, Sabrina gravit à son tour les escaliers. Elle se sentait encore plus perdue que le jour de son anniversaire, quand elle avait découvert qu'elle était sorcière.

« Pourquoi Tante Hilda a-t-elle filé comme si elle avait le diable à ses trousses ? Bon, je suis trop fatiguée pour réfléchir. Puisque Tania occupe mon lit, je dors avec Salem sur le canapé. »

Elle entrouvrit sans bruit la porte de sa chambre et récupéra sa chemise de nuit sur la pointe des pieds.

— Allume le plafonnier, tant que tu y es, et branche la stéréo à fond ! s'écria Tania, rageuse.

Sans autre avertissement, Sabrina fut propulsée dans la penderie. La porte claqua derrière elle. Le verrou fut tiré. Prise au piège, épuisée, Sabrina glissa par terre. Elle mit les bras autour de ses genoux et y enfouit la tête.

— Cette fois-ci, j'ai touché le fond !

8

« Bouclier, en avant ! »

— Ah, c'est malin ! siffla Salem.

Sabrina sursauta.

— Je te croyais endormi sur le canapé !

Furieuse d'être piégée par Tania, humiliée que Salem le sache, Sabrina n'en menait pas large.

— Hélas, Tania s'est pointée pendant que je cherchais ma souris en herbe à chat. Elle l'a cuite en papillote ! Je me suis réfugié ici avant qu'elle me transforme en butoir de porte.

— Sage décision, approuva Sabrina.

Elle se roula en boule et ferma les yeux.

— Hé, pas question de dormir ! miaula

le chat. Sors-moi de là d'abord ! Je meurs de faim, moi !

— Chacun ses problèmes, Salem. Le mien est pire ! Libby veut faire de ma vie un cauchemar et, avec Tania dans les parages, elle risque d'y arriver !

— Inutile de pleurer sur ton sort ! soupira Salem. Allez, ne te tracasse pas pour moi, Sabrina ! Je reste dans mon coin à écouter gargouiller mon estomac.

« Pauvre Salem ! Je ne suis pas sympa de l'accabler avec mes soucis. Après tout, Hilda et lui m'ont donné une piste ! Ils ont risqué la fureur du Conseil des sorciers pour moi ! Il faut que je comprenne leurs indices. Résumons, tante Hilda a dit : il y a des situations que tu dois gérer seule. Elle a ajouté que son cousin Jeffrey ne pourrait plus la transformer en mule... Donc Zelda et elle ont trouvé comment se protéger. Il ne me reste plus qu'à faire pareil avec Tania ! »

Reprenant espoir, elle fit la liste de toutes ses mésaventures depuis l'arrivée de sa cousine.

Tania avait provoqué son bégaiement à

la boutique. Ensuite, elle avait renversé un seau sur elle puis l'avait transformée en vieillarde. Enfin, elle l'avait rendue muette pour aller au cinéma avec Harvey dans son dos...

« Et Salem ? Il a suggéré que les pouvoirs de Tania n'étaient pas forcément supérieurs aux miens. »

N'empêche... Quand Sabrina avait voulu lui jeter un sort, elle avait échoué !

— Il a rebondi sur moi, comme s'il se heurtait à un obstacle !

— Pardon ? marmonna Salem, à demi endormi.

— Le sort que j'ai jeté à Tania m'est revenu comme un boomerang ! Résultat, je me suis retrouvée frisée comme un caniche.

— Retour à l'envoyeur...

— Elle est enduite d'un revêtement anti-sorts, ou quoi ? Oouiiii ! Une sorte de bouclier magique... Salem ? Salem ! J'ai trouvé !

— Laisse-moi tranquille ! Je ne suis qu'un chat ! Miaouh ! Un pauvre chat mort de faim !

— Arrête de me casser les pieds, Salem ! Silence ! ou je ne nous sors pas d'ici !

Sabrina fit apparaître une lampe de poche pour examiner la porte de la penderie. Elle zappa quelques gouttes d'huile sur les gonds avant de fredonner à trois reprises : « Tire la chevillette, la bobinette cherra... » Le verrou glissa sans bruit.

Elle se faufila hors de sa prison, escortée par Salem. Tania ronflait doucement. Une minute plus tard, les deux évadés avaient gagné la cuisine. Sabrina versa un bol de lait à Salem. Elle lui ouvrit aussi une boîte de thon pour avoir la paix. Puis elle s'installa à table avec son manuel de magie.

L'index répertoriait toutes « les armes magiques utilisées pour déjouer les rivalités entre sorciers ».

Sauf que les pages indiquées étaient vierges !

— Zut de flûte ! C'est pas juste !

— Quoi encore ? râla Salem, furieux d'être interrompu en plein festin.

— La formule des boucliers magiques a disparu ! À quoi sert un ouvrage de référence s'il dissimule les réponses ?

— Ton bouquin a un sens de l'humour assez tordu, convint Salem. Tiens, essaie ça : « Bouclier, en avant, marche ! »

— Hé, Salem, j'ai un vrai problème ! On ne tourne pas une séquence de science-fiction.

— Dans les films, ça fonctionne ! protesta le chat. Maintenant, si tu as une meilleure idée...

— D'accord, d'accord ! Je n'ai rien à perdre... Bouclier, en avant, marche !

— Non, non et non ! Tu dois sentir ton texte, nom d'un chat ! tonna Salem en bondissant sur la table. Tania est aux commandes d'un vaisseau spatial, d'accord ? Elle vient d'armer ses torpilles contre toi, d'accord ? Ton vaisseau va voler en éclats, d'aaaaccc...

— BOUCLIERS, EN AVANT, MARCHE ! aboya Sabrina.

Les pages vierges du livre se remplirent à toute allure.

— Ouais ! Ça a marché !

— Évidemment... Les effets spéciaux, c'est mon rayon ! triompha Salem.

— Génial !

Cependant une page restait blanche. La dernière du chapitre. Mais Sabrina était trop soulagée pour s'en inquiéter. « On verra plus tard ! » trancha-t-elle.

— Bonjour, bonjour !

Sabrina entra dans la cuisine d'un pas alerte. Surprise, Zelda leva les yeux de son journal :

— Tu es matinale, ma chérie !

— De quoi ai-je l'air ?

La jeune fille virevolta sur elle-même. Grâce au baume miracle, ses cheveux blonds étaient redevenus lisses et brillants. Elle portait un ensemble mi-long, en voile imprimé, avec des chaussures à semelles compensées. Zelda fronça les sourcils :

— Tu veux vraiment mon avis ? Je trouve que tu as l'air de sortir d'un film sur la Seconde Guerre mondiale.

— Parfait ! Je suis pile dans l'ambiance, alors !

Hilda émergea de la réserve où les sœurs Spellman entreposaient leurs ingrédients magiques. Elle avait les bras chargés de flacons.

— Pour quelqu'un qui a une épée de Damoclès suspendue au-dessus de la tête, tu sembles en pleine forme, Sabrina. Aurais-tu zappé un peu de cet élixir de vitalité ?

— À moins que tu ne te sois aspergée d'eau de bonheur ? suggéra Zelda.

— Ni l'un ni l'autre, répondit Sabrina.

Elle pianotait gaiement sur la table. Ses tantes échangèrent un regard inquiet.

— Où est Tania ? lança Hilda.

— J'espère que tu ne l'as pas transformée en limace, s'alarma Zelda.

— Encore que ce serait mérité, maugréa Hilda à mi-voix.

— Non, elle dort encore. Je teste mon bouclier magique avant de l'affronter, expliqua Sabrina. Autant m'assurer qu'il fonctionne !

Un sourire illumina le visage de Zelda :

— Le manuel a bien voulu te révéler les formules ? Tant mieux !

Hilda cassait des œufs dans un bol. Elle grommela :

— Pouah ! Ce fichu livre ! C'est Drell qui l'a réédité. Il le manipule à sa guise grâce à sa télécommande spéciale. On ne peut pas trop s'y fier. D'ailleurs, son charabia futuriste me donne la migraine !

— En effet, ça sent un peu le bla-bla pseudo-technologique, s'esclaffa Sabrina.

— C'est n'importe quoi, oui ! râla Hilda. Moi, je préfère les bonnes vieilles formules à l'ancienne. D'accord, on a l'air de radoter mais, au moins, ça rime et c'est rigolo !

Elle se mit à battre les œufs avec fureur.

— Qu'est-ce que tu nous mijotes, Tante Hilda ?

— Des crêpes !

— Avec de vrais ingrédients et des ustensiles ordinaires ?

— Oh, je démontre à Zelda que les recettes des mortels ont du bon ! J'en ai marre de toujours pointer du doigt !

— À propos de doigts, intervint Salem, j'apprécierais que quelqu'un me gratte derrière les oreilles.

— Et moi, j'ai besoin d'un petit tour de magie, riposta Sabrina. Que l'une d'entre vous me jette un sort afin que je vérifie si mon bouclier fonctionne.

— Pas moi, en tout cas ! se déroba Hilda.

Elle pointa du doigt vers sa fourchette qui continua à battre toute seule la pâte à crêpes. Puis, la mine soucieuse, elle massa son bras endolori. Zelda soupira :

— Impossible, Sabrina ! Si ton bouclier est activé, ce dont je suis sûre, notre sort se retournerait contre nous.

— Sans compter que ces protections-là ne marchent pas éternellement ! se lamenta Hilda. Dans certains cas, elles se révèlent même inefficaces.

Sabrina devint blanche comme un linge :

— Tu pourrais préciser ?

— Il faut de l'expérience et pas mal d'énergie pour les maîtriser, expliqua Hilda. La durée varie en fonction des circonstances. Je n'entre pas dans les détails... mais sache que tu es à l'abri pour une demi-heure, trois quarts d'heure, maximum !

— Et alors ? s'affola Sabrina.

Ces mises en garde figuraient sûrement sur la page du livre restée vierge. Heureusement que ses tantes la renseignaient.

— Ton organisme doit se recharger

avant de créer un autre bouclier magique, expliqua Zelda. Ça peut prendre cinq minutes, ou une heure !

— Parfois davantage, précisa Hilda.

— D'accord, dit Sabrina. Passons à la question suivante : dans quels cas le bouclier est-il inefficace ?

Zelda prit le relais :

— En général, quand une sorcière est attaquée par surprise. Il existe une seconde possibilité... Certains sorciers ont plus de pouvoir que les autres.

— Sauf si deux ou plusieurs sorcières se liguent pour conjuguer l'effet de leurs boucliers. Ça nous a plusieurs fois permis d'avoir le dessus, Zelda et moi.

— Mais je ne suis pas concernée ! remarqua Sabrina. Et je dois vérifier si mon système de défense est performant ! Allez, un petit sort de rien du tout ! Rien de méchant ! Je vous en supplie, c'est important pour moi...

— Oh, après tout...

Hilda respira à fond.

— Vas-y doucement ! l'avertit Zelda.

Hilda acquiesça et regarda autour d'elle. En fixant le paquet de farine, elle fredonna :

Douce poudre, jolie poudre,
Saupoudre, saupoudri, saupoudra
Le nez de Sabrina !

Elle pointa ensuite du doigt vers le visage de sa nièce.

— Aux abris ! cria Salem en plongeant sous la table.

La farine jaillit de sa boîte. Zelda sursauta. Sabrina leva instinctivement le bras pour se protéger les yeux.

Lancé à pleine vitesse, le nuage poudreux opéra un virage à cent quatre-vingts degrés et revint droit sur Hilda.

— Ça marche ! commenta celle-ci en s'époussetant, tout sourire.

— Super ! Merci !

Jetant son sac sur son épaule, Sabrina se dirigea vers la porte :

— Je file à la boutique. Si Tania me cherche, elle va me trouver !

Zelda se leva d'un bond. Le malheureux

Salem blotti sur ses genoux valdingua dans la pièce.

— Sabrina !

— Oui ? Quoi ?

— Rien !

Zelda se rassit et se replongea dans son journal. Salem se lécha méthodiquement. Hilda, elle, fixait la fourchette qui tournait toujours tel un batteur électrique.

— Tu en laisses sur les bords, l'invectiva-t-elle.

Docile, l'ustensile fit demi-tour pour racler la farine agglutinée sur les parois du bol.

— Salut, tout le monde ! déclara Sabrina, perplexe.

« Bizarre, j'ai dû rater un épisode, songea-t-elle. Ils faisaient une drôle de tête quand je suis partie... Ça cache quelque chose ! »

Elle se secoua : « De toute façon, le bouclier magique me protège. Enfin, espérons ! »

Délaissant sa pâte à crêpes, Hilda s'assit à côté de Zelda :

— Ça ne dépend plus de nous.

— Je sais. L'épreuve serait truquée si Sabrina connaissait les réponses d'avance. N'empêche, je me fais du souci !

— En tout cas, Sabrina a droit à une petite revanche, vu la façon dont Tania l'a traitée hier ! reprit Hilda.

Depuis la terrible guerre civile que s'étaient livrée les sorciers dans les années 7600 de l'Autre Royaume, la jeune génération était soumise à un test de moralité. Grâce à cette épreuve, le Conseil effectuait un tri décisif parmi les candidats. Les plus malveillants étaient recalés. Les farceurs incorrigibles recevaient une bonne leçon.

— Hum, fit Zelda. Jusqu'à présent, Tania s'en est bien tirée parce que Sabrina ignorait l'existence des boucliers magiques.

— Maintenant, elle sait. J'espère qu'elle se contentera de cette protection. Pour ma part, j'étais ravie quand le sort de notre cousin Jeffrey s'est retourné contre lui. Pas toi ?

— Tu parles ! approuva Zelda en souriant. Transformé en *mule* pour cent ans ! Bien fait pour lui !

— Tu vois, il y a quand même une justice ! pouffa Hilda.

— Oui, mais justement, Sabrina ne sait pas que son bouclier ne sert à rien contre un retour de ses propres sorts. Si Tania l'ignore aussi, elles sont à armes égales. Sinon...

— Elles échoueront toutes les deux, remarqua Hilda. Ça s'est déjà vu !

— Pour l'instant, Sabrina n'a employé que des sorts faciles à inverser. Mais si jamais... Non, c'est trop horrible ! Je préfère ne pas y penser !

Salem bondit sur la table :

— Eh là, vous deux ! Faites-lui un peu confiance ! Pourquoi ne réussirait-elle pas ?

— Bien sûr ! Mais imagine que... Écoute, Salem, d'ici la fin de l'épreuve, tu ne dévores ni souris ni aucune autre bestiole vivante. D'accord ?

— Promis ! Si j'ai bien compris, je risque de croquer Sabrina toute crue.

— Pourvu qu'elle ne nous revienne pas sous forme de serpent ! s'alarma Zelda. Je déteste les reptiles ! En plus, il faudrait la nourrir avec des souris vivantes... Pouah !

— J'aime assez les serpents, révéla Hilda avec humour. Je m'en occuperai, si tu veux ! En revanche, si elle est métamorphosée en crapaud, *tu* lui donneras des mouches à gober.

— Marché conclu !

— Tout bien réfléchi, je préfère l'hypothèse du serpent, bâilla Salem. On serait deux à chasser les souris !

— Espèce de monstre sans cœur ! le gronda gentiment Zelda.

Soudain, un bruit du côté de la porte la fit sursauter :

— Oh ! Salut, Tania ! Euh... Tu es là depuis longtemps ?

— Un bon moment !

Le sourire de la jeune sorcière en disait long...

9

« Hamburger, vole ! »

Sabrina pénétra à 9 h 50 dans la boutique Top Mode.

— Quelle ponctualité, Sabrina ! Et vous êtes ravissante, aujourd'hui ! la félicita Audrey Holcomb.

— Je suis impatiente de travailler ! Par où je commence ?

— En attendant l'ouverture, familiarisez-vous avec les rayons. Je vous montrerai plus tard comment fonctionne la caisse. J'avoue que la saison a mal démarré. J'espère me rattraper ce week-end. Et, à ce propos... Relax, Sabrina ! Ne vous vexez pas mais je ne tiens pas à ce que vous bégayiez à nouveau !

— Ne vous inquiétez pas, tout ira bien ! Hier, j'étais morte de trac. Ce matin, je suis en pleine forme ! Je vais explorer la boutique à fond.

— Une seconde !

Audrey fouillait sous le comptoir. Elle en ressortit un badge noir où était inscrit « Sabrina » en lettres dorées.

— Comme ça, les clientes pourront vous identifier.

— Oh, c'est super ! Merci !

« Finalement, elle est plutôt sympa ! Elle fait tout pour me mettre à l'aise. Et mon petit doigt me chuchote qu'on va réaliser un chiffre d'enfer d'ici à ce soir ! »

Quelques clients matinaux erraient déjà dans les allées. Ayant épinglé son badge, Sabrina passa à l'action. Au lieu de désenchanter le miroir qui avait séduit Jocelyne Harrington, elle les ensorcela tous. Aucune cliente n'échapperait à leur pouvoir de séduction. Autant doper les ventes tout de suite !

Dès l'ouverture, elle prit en charge une dame d'un certain âge qui cherchait un sac en cuir rouge. Puis elle rejoignit une jolie rouquine plantureuse qui hésitait entre un tailleur-jupe et un tailleur-pantalon.

— Quelle taille faites-vous ? lui demanda Sabrina d'une voix enjouée.

— 38-40 ! Un petit 38, en fait !

Mon œil ! Un bon 44, oui ! Mais Sabrina ne discuta pas.

— Nous avons justement un petit 38 dans la couleur qui vous plaît. Pourquoi ne pas essayer la jupe et le pantalon ? Un ensemble trois pièces est si pratique ! Vous changez de tenue comme par magie ! Croyez-moi, c'est génial ! Et j'ai de ravissants chemisiers pour aller avec...

Mine de rien, Sabrina décrocha des vêtements taille 44 dont elle modifia discrètement les étiquettes. Elle escorta ensuite la jeune femme jusqu'à la cabine d'essayage.

À la caisse, Audrey enregistrait déjà la vente d'une coûteuse pochette en cuir. Sabrina avait subtilement modifié sa nuance : un rouge garance patiné, très rare.

— C'est la première fois que je viens chez vous, avouait l'acheteuse. Mais je reviendrai, croyez-moi ! Votre jeune vendeuse est une fée ! Ça fait des mois que je cherche un accessoire qui aille avec cet imper habillé !

Ravie, Audrey échangea un clin d'œil complice avec Sabrina.

Tout sourire, celle-ci se détourna vers une adolescente qui s'examinait dans la glace. Mince, blonde, une vraie sylphide ! Elle dansait d'un pied sur l'autre, dans sa robe fluide, gris métallisé. La tenue spectaculaire n'était pas facile à porter.

— J'adore ! jubilait la jeune fille. J'ai l'impression de porter une seconde peau ! Je me demande simplement si elle n'est pas un peu trop longue...

Sabrina, l'index pointé vers l'ourlet, raccourcit la robe de cinq bons centimètres.

— Vous voulez rire ! Plus court, ce serait carrément indécent !

L'adolescente se retourna vers le miroir :

— Oh, vous avez raison. Je n'avais pas bien regardé ! Elle est parfaite comme ça !

La rouquine sortit de la cabine d'essayage en gazouillant :

— Je suis très à l'aise là-dedans ! J'ai beau avoir la taille mannequin, c'est rare ! Soyez gentille, portez tout ça à la caisse. Je vais profiter de ma veine ! J'essaierais bien deux ou trois autres petites choses...

— Sans problème ! Prenez tout votre temps ! répondit Sabrina.

À la caisse, Audrey buvait du petit-lait :

— On file droit à la rupture de stock ! Jamais vu un samedi pareil ! Et il est à peine midi !

Du coin de l'œil, la gérante surveillait l'adolescente :

— À votre avis, cette jeune beauté va acheter la robe de sirène ?

— J'en suis presque sûre ! répondit Sabrina.

— Fantastique ! Même soldée, elle est hors de prix ! Plus de cent dollars ! Vous êtes une vraie magicienne, Sabrina !

— Possible ! gloussa la jeune fille.

« Midi ? Déjà ! »

Sabrina murmura une formule secrète

pour recharger son bouclier magique. On ne sait jamais ! Puis elle chercha d'autres tenues susceptibles de convenir à la rouquine rondelette. Elle examinait des déshabillés quand elle aperçut Libby.

La pom-pom girl clignait les yeux pour espionner la boutique à travers la vitrine. Apercevant Sabrina, elle fit la moue.

Sabrina agita la main vers elle. Libby s'éloigna en haussant les épaules.

« Amuse-toi bien à la Planète des Jouets ! »

Sabrina vit alors Jenny approcher.

— Tu viens déjeuner ? articulait silencieusement son amie, le nez collé contre la vitrine.

— J'en sais rien ! répondit Sabrina sur le même mode. On est débordées !

Jenny entra pour parler de vive voix à Sabrina :

— Demande toujours à ta patronne ! Je meurs de faim et j'ai envie d'essayer le menu chinois du snack. D'ailleurs, Harvey nous y attend !

— Ah bon, déjà ? Je vais voir si Audrey

est d'accord ! Attends-moi près de la fontaine, OK ?

— Super ! Rendez-vous là-bas dans cinq minutes !

Jenny partit sur la pointe des pieds.

« Comment régler le problème des tailles en mon absence ? Un charme magique, bien sûr ! »

Elle fit quelques pas dans la travée centrale de la boutique. Puis, balayant de l'index les divers rayons, elle inventa une incantation :

Petits 38 deviendront grands
Si une cliente dodue en a envie !

La rouquine lâcha le jean qu'elle avait en main. Elle en saisit un autre et déchiffra l'étiquette : un 38... bien plus large ! Miracle ! Le sort fonctionnait !

Rassurée, Sabrina revint vers la caisse où l'adolescente payait la coûteuse robe de sirène. Audrey n'en revenait pas !

— Est-il possible que j'aille déjeuner ? demanda Sabrina.

— Maintenant ? Mais la boutique est

bondée ! Je ne peux pas être au four et au moulin...

— Ne vous inquiétez pas, la réconforta Sabrina. Les clientes semblent enchantées. Elles n'ont pas besoin de mon aide pour l'instant !

Et c'était vrai. Sauf que la queue à la caisse risquait d'être longue !

Improvisant une autre incantation, Sabrina régla la question :

Fouillez, fouinez, furetez,
Laissez-vous tenter !
Tout vous va, tout vous plaît !
Essayez, chères clientes,
Pendant mon déjeuner !

Brusquement, l'adolescente interrompit la gérante, qui lui tendait son achat emballé dans un sac :

— Mettez-moi ça de côté. J'ai envie d'un de ces petits gilets au crochet !

Une femme venait de déposer trois paires de boucles d'oreilles sur le comptoir. Elle décida soudain de s'en offrir une quatrième.

— Je peux vous aider ? lui demanda Sabrina.

— Non, merci !

Sans lui adresser un regard, la cliente ajouta les nouvelles boucles d'oreilles à sa première sélection. Elle se précipitait déjà vers les bracelets assortis.

— Vous voyez ? Elles se régalent ! Laissons-les choisir tranquillement. Je mange un morceau en vitesse. Je serai de retour pour le coup de feu de l'après-midi !

— Entendu, acquiesça Audrey à contrecœur. Mais ne vous absentez pas trop longtemps !

Sabrina récupéra son sac sous le comptoir et fila.

Jenny l'attendait sur un banc. Elle l'entraîna vers l'escalator qui montait au snack. Tout excitée, elle entreprit de lui narrer sa matinée à l'Antre de Dickens :

— J'adore mon boulot ! Devine qui j'ai vu ? Ce type qui joue dans une série télévisée. Comment s'appelle-t-il déjà ? Tu sais, le beau surfer californien, bronzé, hyper-sexy. Je croyais rêver ! Mais je suis restée très pro, tu peux me croire !

— Et alors ? Il aime les romans ?

— Il collectionne les livres de recettes végétariennes !

Harvey leur faisait signe derrière la vitre du snack. Sabrina lui rendit joyeusement son salut. Il n'était ni végétarien ni californien, mais c'était un amour !

Jenny tapa sur l'épaule de Sabrina :

— Regarde discrètement qui est là !

— Hein ? Quoi ?

De l'autre côté de l'espace snack, Tania et Libby étaient déjà attablées. Elles bavardaient comme de vieilles copines.

« Zut de flûte ! J'avais oublié que Tania allait au cinéma avec Harvey. Oh, après tout, relax ! Elle ne m'a pas encore transformée en lézard borgne, que je sache ! »

Oui, mais Tania était drôlement en avance. Et qu'elle papote avec Libby ne rassurait guère Sabrina ! D'ailleurs, les deux chipies adressaient déjà un regard méprisant aux nouvelles arrivantes. Sabrina sentit ses cheveux se dresser sur sa tête. L'air semblait s'être chargé d'électricité statique.

— Qui se ressemble s'assemble ! bougonna-t-elle.

— Tu parles de Libby et Tania ? Je suis de ton avis ! déclara Jenny. Tu sais, Sabrina, je sens que Tania est impliquée dans l'incident d'hier soir. Je crois que tes cheveux frisottés n'avaient rien à voir avec la bouche d'aération.

« Vite ! Invente une explication plausible ! »

— Oh, ça ! En fait, elle m'a joué un tour. Elle a versé je ne sais quoi dans mon shampooing... Un produit dont les molécules actives se libèrent peu à peu, tu vois ! L'effet n'est pas immédiat. Voilà pourquoi je me suis mise à friser tout d'un coup !

Jenny prit un air dégoûté :

— Elle est nulle, ta cousine !

— Oh, elle blaguait ! Son père taquinait sans cesse mes tantes. Il leur en a fait voir de toutes les couleurs !

Ils avançaient dans la file d'attente du self. Sabrina fut soulagée quand Jenny changea de conversation.

— Et toi, Harvey ? Comment ça se passe au Palais des Sports ? demanda-t-elle.

— Super bien ! J'ai fait des démonstrations d'articles de golf. Je sens que je vais m'y mettre.

— Au golf ? s'étonna Sabrina.

— J'ai essayé des clubs sur le green couvert. Eh bien, c'est aussi musclé que le foot !

Soudain, Harvey bascula en arrière comme s'il avait reçu un uppercut au plexus.

Sabrina survola des yeux le snack. Tania pointait l'index dans leur direction !

Harvey vacilla, et son plateau lui échappa. Salade au crabe, poulet aux amandes, riz cantonais s'écrasèrent au sol. Le gobelet de soda se renversa sur la veste en cachemire de Jenny.

— Oh, non !

Instinctivement, la jeune fille rousse fit un écart, écrasant le pied de son voisin, un obèse géant de deux mètres !

Sabrina agrippa son plateau à deux mains. Horrifiée, elle assistait, impuissante, à l'inévitable réaction en chaîne.

L'obèse leva son plateau. *Et tchoc !* Hamburger, frites, etc. effectuèrent un vol plané, bombardant trois jeunes garçons. Le milk-shake explosa.

Sidérée, Jenny fit volte-face, heurtant du coude une vieille dame.

« Vite ! Pointe ! »

Sabrina réussit à maintenir le plateau de son amie en équilibre. Se croyant agressée, la vieille dame fit tournoyer son sac à bandoulière qui percuta un serveur penché sur une poubelle. Le malheureux tomba tête la première dans le conteneur malodorant.

Pendant ce temps, les trois gamins balançaient des frites sur l'obèse. L'un d'entre eux glissa sur la flaque de milk-shake. Battant des mains pour amortir sa chute, il s'étala de tout son long au milieu d'un groupe de lycéennes. Elles s'enfuirent en criant au secours...

— Filons ! siffla Sabrina à ses amis en les poussant vers la sortie.

Un agent de la sécurité arriva à toute allure. D'une poigne solide, il remit le gamin sur ses pieds et entreprit de l'interroger. Le jeune garçon haussa les épaules. Mais l'obèse, furieux, fouillait la salle du regard.

« Il nous cherche ! S'il nous repère, il va nous dénoncer au vigile ! »

Sabrina pointa : « Loin des yeux, loin du cœur ! Oublie-nous ! »

Penaud, Harvey contemplait son plateau vide. Jenny frottait sa manche d'un air absent. Le trio, planté devant le snack, reprit son souffle.

À l'intérieur, le brouhaha des conversations avait repris. Sabrina leva les yeux. La main devant la bouche, Libby et Tania tentaient d'étouffer leur fou rire. Quand elle vit que sa cousine l'observait, Tania brandit deux doigts en l'air. Elle souffla dessus comme s'il s'agissait d'un revolver fumant.

« Quelle peste, non mais, quelle peste ! J'aurais dû me douter qu'elle trouverait une feinte ! Puisque mon bouclier me protège, elle attaque mes amis ! Mademoiselle se croit tellement supérieure aux simples mortels ! Elle s'amuse à les humilier en public ! »

Sabrina tremblait de rage. Elle vit alors quatre costauds de l'équipe de foot se diriger vers la table des filles. Ils portaient des plateaux pleins de pizzas, de glaces et de sodas.

« Hé, les gars ! Ça vous dirait de vous payer la tête des chipies ? Chacun son tour ! Rira bien qui rira le dernier ! »

Elle se concentra.

« Parée à faire feu... »

10

« Bouclier, es-tu là ? »

« Attention, Sabrina ! »

Un signal d'alarme résonna dans sa tête. Elle rengaina son index vengeur.

« Voyons, réfléchissons... Tania ne me quittait pas des yeux. Elle n'a pas bronché quand j'ai pointé dans sa direction. Elle semblait même me défier. Pourtant, mon bouclier magique me protège, non ? Je dois pouvoir lui jeter un sort sans qu'il me revienne... »

Perplexe, Sabrina se remémora la conversation du petit déjeuner. Hilda l'avait mise en garde contre la durée limitée des boucliers.

Plus tard, ses tantes et Salem avaient eu une attitude bizarre. Au moment de son départ, ils avaient eu l'air soudain très occupés. Mais elle aurait parié qu'ils se retenaient de la mettre en garde... À quel propos ? Sûrement un détail important impossible à lui révéler sans fausser l'épreuve !

« J'aurais dû me méfier de cette maudite page blanche sur mon livre de magie ! À tous les coups, l'explication de ce mystère s'y trouve ! »

Ce n'était qu'une supposition, mais... En semant la pagaille au snack, Tania n'avait pas visé sa cousine. Comme si elle *savait* qu'un sort jeté à une autre sorcière se serait retourné contre elle...

« Alors nous sommes dans une impasse ! Nos armures respectives nous rendent invulnérables et... impuissantes ! »

Accablée, Jenny se dirigea à pas lents vers les toilettes pour y rincer sa manche souillée. Harvey s'éloigna vers un autre snack, plus près de son magasin de sports.

Dès qu'il se fut éloigné, Sabrina pointa du doigt vers la silhouette de Jenny pour effacer la tache.

« Un problème de réglé ! » soupira-t-elle.

Près d'elle, une jeune femme éreintée était assise avec deux petits garçons déchaînés. Le premier faisait tourner sa paille dans son verre de lait. Puis, l'utilisant en guise de sarbacane, il soufflait dedans pour asperger son frère. Soudain, la paille lui échappa et il reçut le jet en plein visage. Penaud, l'arroseur arrosé fit la grimace.

« Tiens, tiens ! Ça me donne une idée ! »

Affichant un grand sourire, Sabrina traversa l'espace snack en direction de Libby et Tania. Elle s'installa à une table libre à côté de la leur et consulta sa montre.

« Mon bouclier est encore activé pour quinze à trente minutes. Si Tania a créé le sien juste avant de déclencher la pagaille, il va durer plus longtemps. »

Du coin de l'œil, elle observa sa cousine. Ses cheveux bruns cascadaient sur ses épaules, mis en valeur par la tunique en soie blanche qu'elle portait sur un jean noir moulant.

— Tiens, tiens ! persifla Tania. Voici notre bonne vieille sorcière ringarde ! Alors, où sont passés tes minables copains ?

— Sorcière, c'est le mot ! approuva Libby. Rends-moi mon job à la boutique, espèce de sale bohémienne !

Imperturbable, Sabrina ouvrait un sachet de cure-dents.

— Tu es très élégante, Libby ! Un ensemble en soie... Est-ce bien raisonnable pour travailler à la Planète des Jouets ? À moins que tu ne te sois fait virer ?

— Tu fais de l'humour, maintenant ? cracha la pom-pom girl.

— Pas seulement ! Figure-toi que j'ai remarqué l'angle cisaillé du bulletin Top Mode !... Rigolo, non ?

Folle de rage, Libby vint se planter devant elle :

— Tu oses me traiter de *tricheuse* ?

Tania la rejoignit et posa une main apaisante sur son épaule :

— Ne t'inquiète pas, je m'en occupe. Sabrina, je *sais* que tu as chipé le job de Libby ! Fais-moi confiance, elle va le récupérer. Et vite !

— Ah oui ? Et comment, s'il te plaît ?

— Je sais, *de source sûre*, que certaines *personnes* ont plus de pouvoir que d'autres !

« J'espère bien que non ! »

Faisant mine de mordre à l'hameçon, Sabrina afficha un air épouvanté.

— Ça m'étonnerait que la gérante de la boutique te reprenne si tu y retournes habillée en clocharde, siffla Tania à voix basse.

Une étincelle brilla dans ses yeux bleus et froids. Elle poursuivit, en chantonnant :

Prends garde, sorcière !
Ton bouclier s'envole en fumée.
Frisotti, frisotta, frisez sec !
Révoltez-vous, cheveux rebelles !

Libby ouvrait des yeux ronds.

Sabrina sentit une vibration. Le doigt toujours pointé, en transe, Tania reprit :

Froissés, fripés, haillons
Et guenilles de souillon,
Déchirez-vous ! Zip-Zap !

Libby étouffa un cri. Sabrina resta impassible : les longs cheveux brillants de Tania étaient emmêlés comme une touffe d'algues desséchées. Son élégante tenue avait viré au look grunge : tee-shirt blanc sale et vieux jean déchirés, trop grands d'au moins deux tailles. Des épingles de nourrice rouillées pendaient à ses oreilles.

Libby recula comme si Tania avait une horrible maladie contagieuse.

— C'est malin ! clama-t-elle. Tu l'as hypnotisée avec cette mélopée bizarre ! Et voilà le résultat ! Débrouille-toi sans moi, je fiche le camp !

Sans demander son reste, elle fonça vers l'escalator.

Assises face à face, les deux jeunes sorcières se défiaient du regard.

— Pourquoi mon sort n'a pas marché ? s'étonna Tania.

— Mais il a marché !

Tania ne comprit pas. N'ayant pas remarqué sa nouvelle apparence, elle tenta autre chose :

Bois moisi, écrabouille-toi
Comme œuf pourri !

Elle brandit l'index vers la chaise de Sabrina. Celle-ci se cramponna à la table. Mais ce fut le siège de Tania qui vola en éclats. Elle tomba lourdement en arrière.

Elle se mit à quatre pattes pour se relever... et vit les genoux déchirés de son jean pourri. Affolée, elle palpa frénétiquement ses vêtements et ses cheveux. Avec un cri de rage, elle sauta sur ses pieds et se planta devant Sabrina. Tremblant de fureur, elle agita un doigt menaçant sous le nez de sa cousine.

— À ta place, je ferais gaffe avec ça ! l'avertit Sabrina en écartant sa main. Ton sort pourrait bien rebondir. Et le résultat n'est pas joli-joli, n'est-ce pas ?

Tania chantonna alors d'un ton hésitant :

Charme magique égaré,
Rebrousse chemin !
Reviens, reviens à ton destin !

Elle respira à fond puis baissa les yeux sur sa tenue : le sort ne s'était pas inversé !

Elle piqua alors une violente colère. Les clients du snack la regardaient, abasourdis. Avec sa tignasse échevelée, elle avait l'air d'une folle !

— Désenvoûte-moi illico, Sabrina Spellman ! Sinon, je te ferai regretter d'être née ! *Idem* pour tes amis ! Tu comprends ? Je ne plaisante pas !

— Impossible puisque je ne suis pas l'auteur du sort ! répondit honnêtement Sabrina. Toi seule peux annuler ton maléfice !

— Mais tu dois bien avoir une idée ! geignit Tania, soudain implorante.

— Oui. Rentre à la maison. Et change-toi. Quant à tes cheveux, après trois bonnes applications de crème, il n'y paraîtra plus ! Un peu long mais ça marche...

— Très drôle ! Tu me prends pour une idiote ? Je vois clair dans ton jeu, ma vieille ! Tu es désespérée à cause de mon rendez-vous au cinéma avec Harvey...

— Ton rendez-vous ? Quel rendez-vous ? Tu t'es invitée !

Tania haussa les épaules :

— N'importe quoi !

« Oh si ! Harvey s'est simplement montré gentil. Mais toi, tu voulais me piquer mon petit ami ! Après la façon dont tu l'as traité tout à l'heure, pas question que tu ailles au cinéma avec lui ! Je le protégerai de tes caprices de sorcière gâtée ! »

— Alors, tu m'aides, oui ou non ? cria Tania.

— Je te l'ai déjà dit. Trois doses de baume miracle devraient résoudre ton problème en quelques heures. Dommage pour le cinéma !

Le regard étincelant de haine, Tania se pencha, les mains posées bien à plat sur la table :

— Ne te fais pas d'illusions, Sabrina ! Tu vas me payer ça très cher ! Je ne laisserai pas une demi-mortelle me ridiculiser. Les cafards vicieux de ton espèce ne me font pas peur !

Elle tourna les talons tandis qu'un étrange frisson parcourait Sabrina de la tête aux pieds.

« Mon bouclier vient de s'évaporer ! Je l'ai échappé belle ! »

Elle consulta sa montre. Midi et demi. Il avait duré une demi-heure. Tania était sans doute repartie à la maison. D'ici son retour, elle en aurait réactivé un autre.

À cet instant, des cris stridents retentirent.

— Que se passe-t-il encore ? demanda un client, excedé.

Sabrina en avait une petite idée : « Tania ! »

Arrivée à la rotonde du second niveau, Sabrina trouva Jenny penchée sur la balustrade.

— Regarde-moi ça ! s'écria la jeune fille en riant.

Sabrina suivit son regard : la fontaine du patio central semblait prise de folie ! Elle envoyait de violents jets d'eau dans tous les sens, comme une lance à incendie. Les adultes hurlaient en s'écartant de la ligne de tir. Ravis, les enfants tapaient du pied dans les flaques. Dans les boutiques avoisinantes, des badauds ébahis avaient le nez collé aux vitrines. Une sirène retentit.

Sabrina chercha Tania des yeux. Elle était sans doute la cause de ce nouveau délire. Furieuse d'avoir perdu la bataille, elle se vengeait à l'aveuglette... En effet, elle était bien là, cachée derrière un pilier, jouissant du spectacle.

« Elle va ravager le centre commercial ! Je devine son plan : saccager une chose après l'autre jusqu'à ce que l'affrontement entre nous devienne inévitable. Sorcière contre sorcière ! Elle veut à tout prix gagner le dernier round ! »

À cet instant, Tania leva la tête vers elle. Sabrina eut des sueurs froides.

« Oui, mais il y a un problème ! s'affola-t-elle. Son bouclier est encore activé. Pas le mien ! »

11

Sorcière contre sorcière

Sabrina frissonna sous le regard de Tania. Elle vit une haine glacée. Farouche. Implacable.

Sa cousine brandit l'index, visant le second niveau.

Sabrina prit la main de Jenny et la tira vers l'escalator. Par chance, le sort fut dévié. Une horde d'adolescents rieurs surgit de la fontaine et s'arrêta devant Tania à la dernière seconde. Aussitôt, trois d'entre eux furent propulsés à terre. À plat ventre, ils amorcèrent une interminable glissade sur le sol de marbre en riant aux éclats.

« Merci, les gars ! Et tant mieux que ça

vous amuse ! Si Jenny et moi avions dévalé l'escalator, bonjour les dégâts ! »

Au rez-de-chaussée, Sabrina poussa Jenny dans la foule. Elle devait se dissimuler le temps que son organisme se recharge et qu'elle puisse réactiver un autre bouclier. Mais Jenny, inconsciente du danger, s'arrêta :

— Pourquoi se presser ? Il nous reste un quart d'heure ! Allons voir la fontaine de plus près...

Sabrina essaya de retenir son amie mais elle lui échappa. Paniquée, elle chercha Tania des yeux.

Celle-ci repéra la crinière rousse de Jenny. Avec un sourire machiavélique, elle brandit l'index vers elle.

Sabrina bondit. Fendant la foule, elle rejoignit son amie à l'instant précis où un énorme souffle catapultait la jeune fille.

Wouchhhh !

Jenny décolla telle une fusée :

— Sabrina ! Au secours ! hurlait-elle.

Zappant dans l'espace au-dessus de sa tête, Sabrina murmura :

Accourez, agiles courants d'air !
Mettez sens dessus dessous
Ce tourbillon contraire !

Jenny atterrit avec douceur.

— Il se passe ici des choses étranges, grommela-t-elle en se frottant les yeux.

Sabrina la prit par le bras :

— Tu as vu *Sept ans de réflexion* ? Tu sais, ce vieux film où Marilyn Monroe se tient sur une grille de ventilation ?

— C'est ce qui vient de m'arriver ?

— Le système d'air conditionné a dû se détraquer et la fontaine a perdu la boule. Trop de pression dans le circuit.

— Charmant !

Sabrina jeta un coup d'œil derrière elle. Avec la foule qui encombrait le patio, difficile de repérer Tania.

« Au moins, elle n'est pas sur nos talons ! »

Hélas, en tournant la tête, elle constata que sa cousine venait de les dépasser ! Elle pila net.

— Quoi, encore ? s'écria Jenny, surprise.

Sabrina n'eut pas le temps de répondre.

Tania la fixait droit dans les yeux. Elle avait l'air possédé. Avec une expression diabolique, elle tendait le bras vers elle.

« Nulle part où s'abriter... Vite ! Arme un autre bouclier ! » s'encouragea Sabrina.

Une brusque chair de poule lui hérissa la peau. Puis, rien. Elle avait échoué et gaspillé de l'énergie en vain. Désormais, de longues minutes s'écouleraient avant la prochaine tentative.

« Heureusement, Tania l'ignore ! »

Sa cousine dévia légèrement le bras, l'index pointé sur Jenny. Sabrina se jeta devant son amie, formant un rempart de son corps.

« Vas-y ! Bluffe ! Fais-lui croire que tu es intouchable ! »

La manœuvre d'intimidation réussit. Écumant de rage, Tania pivota et se noya à nouveau dans la foule.

— Tu sais quoi ? marmonna Jenny, éberluée. La folle qui vient de filer... Elle ressemble à ta cousine. Version *destroy* !

— Il y a un peu de ça ! admit Sabrina en poussant un soupir de soulagement.

Une équipe de maintenance les dépassa.

Les agents se hâtaient vers la fontaine en éruption.

— Tout va rentrer dans l'ordre, supposa Jenny. Fini la rigolade ! Je retourne à la librairie.

— Je vais y aller aussi. On se retrouve plus tard, d'accord ?

« Ça m'arrange... Je pourrai surveiller Tania sans avoir à me préoccuper de Jenny. »

Dès que celle-ci disparut dans la librairie, Sabrina chercha Tania.

À cet instant, elle entendit un énorme fracas. Paniquée, elle se réfugia derrière le conteneur destiné aux vitamines périmées de la parapharmacie.

Depuis sa cachette, elle repéra son ennemie. Tania. Perchée sur un banc, celle-ci tendait le bras en direction de deux présentoirs mobiles qui venaient de se télescoper. L'un s'était retourné, déversant son chargement de bijoux fantaisie. L'autre – un tourniquet de bols – penchait dangereusement. Des morceaux de faïence se mélangeaient aux bagues, bracelets et colliers répandus sur le sol.

Effarés, les deux vendeurs et quelques curieux observaient le désastre. Soudain, ils s'éparpillèrent en hurlant. Trois autres présentoirs, lancés à pleine vitesse, fonçaient sur eux !

« Zappe ! Vite ! »

Trop tard pour le premier bolide ! Sabrina dérouta les deux autres. L'un fut stoppé par un arbre en plastique. L'autre, chargé de paniers et d'objets en bois, esquiva deux vitrines avant d'être freiné par un mur en brique. Il s'immobilisa en vacillant.

« Ouf ! »

Hélas, Tania n'abandonna pas ! Elle zappa vers un banc vide... qui fit une embardée puis fila droit sur le Palais des Sports, entraînant l'étal de vanneries.

À l'approche du bolide fou, les portes automatiques s'ouvrirent. Sabrina vit alors Harvey : paralysé de stupeur, il se trouvait en plein dans l'axe !

L'index brandi, elle murmura la première incantation qui lui passa par la tête : « Sésame, ferme-toi ! »

Les vitres tremblèrent quand l'étal

s'immobilisa au milieu de l'entrée, coincé par les portes coulissantes. Catapultés par le choc, paniers et objets en bois volèrent en tous sens. Les clients lâchaient leurs achats et se mettaient les mains sur la tête pour se protéger. Un des joueurs de foot que Sabrina avait aperçus au snack s'empara d'un panier. Il shoota dedans. Une partie de foot endiablée démarra.

Harvey éclata d'un rire nerveux.

Dans l'allée, excités par le spectacle, des jeunes sifflaient et tapaient du pied en cadence.

— C'est encore mieux que *Titanic* ! brailla un gamin.

Abasourdis, les commerçants sortaient sur le pas de leur porte.

— Était-ce un tremblement de terre ? demanda le pharmacien.

Il ramassa un bol cassé, essayant distraitement d'emboîter les morceaux.

— Ça m'étonnerait ! rétorqua un vendeur. Je pencherais plutôt pour un phénomène électromagnétique.

Soulagés d'être indemnes, les gens

s'attroupaient. Les hypothèses sur l'origine de la catastrophe allaient bon train.

— Des Martiens ! cria soudain un homme âgé à l'oreille de sa femme.

Elle ouvrit des yeux ronds et lui tapota le bras.

Par chance, personne n'avait été blessé. Miraculeusement, le centre commercial ne déplorait que des dégâts matériels.

« Nul ne soupçonnera une brune hirsute et débraillée ! Étrange ! Les gens croient davantage aux Martiens qu'aux sorcières... »

La main dans la poche arrière de son jean déchiré, Tania errait avec nonchalance au milieu des débris. En passant devant un portant de tee-shirts, elle envoya valser tous les cintres.

« Quel culot ! Elle n'a peur de rien ! Évidemment, elle pratique les boucliers magiques depuis plus longtemps que moi... »

L'attitude actuelle de Tania prouvait que son bouclier était encore activé.

« Mais elle suppose que le mien l'est aussi ! »

Sabrina suivait sa cousine à distance. La confrontation finale semblait inévitable.

« Et elle va finir par blesser quelqu'un ! Je l'affronte ! Tant pis si elle me transforme en bestiole immonde ! »

Sans regarder ni à droite ni à gauche, Sabrina se lança à la poursuite de la vandale déchaînée. Soudain, une musique de film tonitruante retentit. Elle passait devant le magasin de location de vidéocassettes ! La dernière devanture avant la sortie !

Tania l'attendait un peu plus loin, plaquée contre le mur, à deux pas des portes en verre. Sabrina se figea.

— Tu te crois maligne, hein ? cracha sa cousine.

— Et toi, alors ? Tu t'imagines que tu vas sortir d'ici sans payer les pots cassés ?

— J'en ai ma claque de toi, Sabrina Spellman ! Disparais dans la nature. Et vite !

« Excellente idée ! Réfléchissons ! Je ne peux rien contre elle... Mais il suffit qu'elle répète trois fois la même chose pour que son vœu se réalise ! »

Sabrina l'avait appris à ses dépens un soir où elle faisait du baby-sitting. Espérant calmer le bébé qu'elle gardait, elle l'avait bercé en chantonnant à trois reprises : « Sois un grand garçon ! » Alors, ô stupeur, son protégé de quatorze mois s'était métamorphosé en adulte !

Elle murmura sa formule secrète spéciale bouclier magique. Puis, la main en cornet autour de l'oreille, elle cria :

— Qu'est-ce que tu dis ? Je n'entends rien avec ce raffut !

— Tu as parfaitement compris ! Disparais !

Secouant la tête, Sabrina tendit les mains en un geste d'impuissance.

« Pourvu que mon bouclier s'active vite ! »

Tania frappa du pied en hurlant :

— Disparais ! Disparais !

Sabrina eut l'impression que son corps s'électrisait. Paniquée, elle ferma les yeux...

12

« Bingo ! »

Bing ! Le sort rebondit contre Sabrina. Elle ouvrit les yeux. Pendant une fraction de seconde – qui sembla durer une éternité – les deux cousines se défièrent du regard. Puis Tania disparut !

« Envolée ! Sans coup de tonnerre ni éclairs ! Juste un souffle de fumée rose qui s'est dissipé dans l'atmosphère ! »

Sabrina ne bougea plus. Le Conseil des sorciers allait-il lui demander des comptes ?

Les minutes passèrent. Rien ne se produisit.

« Logique, en fait ! Prête à tout pour gagner, Tania a mené un combat impitoyable, au mépris du règlement des sorciers.

Elle est responsable de son destin, quel qu'il soit ! »

La tension se relâchait peu à peu. Soudain sans forces, Sabrina se laissa tomber sur un banc. Elle respira à fond.

« Plus de Tania ! Elle est partie... perdue, égarée dans je ne sais quel univers étrange. Elle risque d'y passer pas mal de temps ! Je préfère ne pas penser au jour de sa libération ! Si elle revient... »

Une fois l'épreuve achevée, ses tantes pourraient tout lui expliquer. Inutile de s'inquiéter pour rien.

Sabrina se leva pour gagner la boutique Top Mode. Elle était en retard. Mais, après cette journée de folie, elle avait besoin d'un peu de temps pour se réadapter à un mode de vie normal. Soudain, elle sourit :

« Je me demande ce qui est arrivé au cousin Jeffrey quand son sort a rebondi sur les boucliers de Zelda et Hilda... A-t-il été transformé en mulet ? Et pour combien de temps ? Je suppose qu'il a davantage respecté ses confrères depuis ce jour ! »

En ce cas, tout espoir n'était pas perdu pour l'arrogante Tania !

« Mais il lui reste du chemin à parcourir », songea Sabrina en remontant les allées de la galerie marchande. Assistés par le personnel d'entretien, les commerçants remettaient un peu d'ordre. Chacun s'interrogeait encore sur les raisons de ce cataclysme soudain. Glissement de terrain, mystérieux phénomène électromagnétique, astéroïde égaré, éclipse imprévue ? Les hypothèses allaient bon train !

Sabrina ralentit devant la Planète des Jouets. Dans la travée centrale, une pyramide de cubes verts oscillait dangereusement. Elle tendait l'index pour la stabiliser quand un bambin rieur surgit en courant. Il retira prestement un cube à la base du château branlant. L'édifice s'écroula... et Libby apparut de l'autre côté.

Bras tendus, elle s'efforçait en vain de retenir les cubes qui s'entrechoquaient dans un joyeux fracas. Impuissante, elle tomba à genoux pour ramasser les pièces du jeu de construction. Un autre gamin la bombarda à coup de balles de ping-pong fluo. La pom-pom girl, désespérée, leva les bras pour se protéger le visage.

« Oh ! Oh ! Je file avant qu'elle ne me voie ! Elle ne me pardonnerait jamais ! Et j'ai eu ma dose de guérilla pour le week-end ! »

Une voix dans son dos la fit sursauter :

— Profitez-en tant qu'il en reste ! C'est la chance de votre vie !

Le marchand ambulant de faïence proposait sa marchandise sinistrée aux passants.

— Tous ces bols sont cassés ! lui fit remarquer une dame âgée.

— Justement ! Ce n'est pas tous les jours qu'on trouve de la vaisselle qui a subi une attaque de Martiens !

— Des Martiens ?

Bouche bée, la dame observa l'étal éventré.

— Ce sont des extraterrestres qui ont fait ça ?

Avec une mine de conspirateur, le vendeur murmura :

— On ne le saura sans doute jamais avec certitude... Mais ça ne m'étonnerait pas que Steven Spielberg rachète mon stock pour le tournage de son prochain film !

La dame sortit son porte-monnaie et paya le bol brisé au double de sa valeur.

« Il y a des gens qui ont l'art de retomber sur leurs pattes ! »

— Ohé ! Sabrina !

— Harvey !

Tout sourire, elle se dirigea vers le Palais des Sports. Harvey éloignait les curieux de l'amas de verre brisé tandis que des pompiers dégageaient l'échoppe roulante.

— Que s'est-il passé ? demanda Sabrina, faisant l'innocente.

— Aucune idée ! Je disposais des maillots de foot sur un portant quand ce bolide m'a foncé dessus à cent à l'heure !

— Tu n'es pas blessé ?

— La porte s'est refermée sur lui ! Jamais vu un truc pareil !

— Tu as eu de la veine...

— Oui. Tout va bien. À part que... (Il hésita.) Euh, Sabrina, je n'ai pas envie d'aller au cinéma avec ta cousine. Désolé, mais elle me donne la chair de poule !

— Ne te fais pas de souci pour ça ! s'écria Sabrina ravie. En fait, Tania a dû quitter la ville précipitamment...

Le visage de Harvey s'éclaira :

— Super ! Enfin... Dommage pour elle !

— Comme tu dis !

— Mais j'aimerais voir *Flic à Malibu* avec toi. Il y a une séance à 17 h 30. Tu me rejoins au snack dès que tu es libre ?

Sabrina ouvrit des yeux ronds :

— Tu vas m'attendre pendant deux heures ?

— Et alors, tu le mérites bien, non ? Sans compter que toute cette agitation m'a donné faim !

Sabrina lui sourit en hochant la tête. Puis, après un coup d'œil à sa montre, elle s'exclama :

— Vingt minutes de retard ! Audrey va avoir une attaque ! Je file. À tout à l'heure.

Elle partit en courant. À deux pas de Top Mode, elle faillit entrer en collision avec M. Pool.

— Eh bien, Sabrina, vous êtes bien pressée ! Vous n'avez pas abusé de votre pause, j'espère...

— Moi ? Non ! J'ai déjeuné très tard. Et je me dépêchais, au cas où il y aurait du monde !

M. Pool lui lança un regard approbateur :

— Parfait ! Je passais juste comme ça. N'allez surtout pas croire que j'espionne mes élèves !

— Loin de moi cette idée !

— Encore que... Je n'aurais pas craché sur quelques volontaires désignés pour débroussailler mon jardin !

Avec un soupir, M. Pool leva la tête et regarda dans le vague. Soudain, il sursauta à la vue du saccage. Près de la fontaine démontée, des ouvriers s'agitaient. Le contremaître se grattait la tête : impossible de détecter l'origine de la panne !

— Que diable s'est-il passé ici ? marmonna M. Pool. Une tornade a dévasté le patio ?

— Un truc de ce genre, en effet, acquiesça Sabrina.

« Et elle s'appelle Tania ! » songea la jeune fille.

— Bien, regagnez votre poste, maintenant.

M. Pool fit un pas en avant, puis il s'arrêta :

— Il y a des blessés ?

— Non. Incroyable, n'est-ce pas ?

— La vie *est* incroyable ! philosopha M. Pool.

Sabrina jeta un coup d'œil dans la boutique. Elle était telle qu'elle l'avait laissée. À part Audrey !

Le sourire de la jeune femme virait à la grimace. Son mascara avait coulé. Pâle et décoiffée, elle semblait sur le point de s'effondrer.

Montres et pendules – virgule – on recule !

Sitôt réglé ce léger décalage horaire, Sabrina se précipita :

— Me voilà !

— Pas trop tôt !

Audrey pria les clientes attroupées devant la caisse de l'excuser un instant.

Elle se laissa tomber sur un tabouret au bout du comptoir en se massant les tempes.

— Vous êtes en retard, souffla-t-elle à Sabrina.

— Non, regardez : une heure pile !

— J'ai l'impression que vous êtes partie depuis des heures ! En tout cas, ravie de vous revoir ! Je vous confie la caisse.

— D'accord ! Décompressez un peu, vous en avez besoin.

— Au fait, Sabrina ! On a pulvérisé tous les records de vente !

Radieuse, la gérante leva le pouce en signe de victoire, puis elle ferma les yeux.

— Et réveillez-moi à la fermeture !

Une vingtaine de clientes attendaient devant la caisse sans broncher. D'autres, les bras chargés de vêtements, fouillaient dans les rayons.

« Tout va bien ! Personne ne s'énerve ! »

Sabrina fit rapidement le tour de la boutique. Au passage, elle désenchanta tous les miroirs.

« Il est temps de calmer le jeu. Sinon, je ne pourrai jamais m'échapper pour rejoindre Harvey ! »

Regagnant la caisse à pas vifs, elle enregistra sa première vente. Sur l'écran, les chiffres volèrent, se métamorphosant en pictogrammes colorés : des oranges, bien alignées. Un carillon ponctua l'addition.

— Bingo ! Le jackpot !

Les clientes éclatèrent de rire. Mais seule

Sabrina avait décodé le message surnaturel du carillon enchanteur. L'épreuve est finie ! annonçait-il.

« Et je l'ai réussie ! » songea Sabrina enchantée.

Tu as aimé

***Une rivale inattendue*,**

alors retrouve vite

Sabrina

avec cet extrait de :

Un Noël presque parfait

[...]

Sabrina repoussa les draps. Elle s'avança à pas de loup vers le livre qui toussait et éternuait toujours autant.

— Ouvre le livre... Atchoum !... il faut que je te parle... Atchoum !

— Ah, c'est toi ? J'arrive tout de suite, Papa.

Sabrina chercha la lettre S.

— Surprise ! Bonjour, Sabrina ! s'écria Edward Spellman d'une voix enrhumée.

— Salut Papa... Tu es malade ?

— Oui, chérie... Atchoum !

Il se moucha et la regarda avec de pauvres yeux mouillés. D'habitude, ses cheveux noir corbeau brillaient, son sourire charmeur éclairait son beau visage. Ce matin-là, il avait le nez rouge et une mine atroce.

— Je me sens si mal, gémit-il.

— Qu'est-ce que tu as ? demanda Sabrina en reculant légèrement. J'espère que je ne vais pas attraper ta maladie !

— Impossible ! On n'a encore jamais vu une image contaminer qui que ce soit ! Même chez les sorciers ! Ne t'en fais pas, tu ne risques rien. C'est moi qui suis à plaindre ! Je souffre du rhume bleu.

— Pourquoi bleu ?

— Si tu me voyais en vrai, tu comprendrais illico. Je suis bleu de la tête aux pieds.

— Prends des comprimés ou lance-toi un sort. Tu connais sûrement une formule.

— Non, chérie, il n'y en a aucune. La seule solution est d'attendre que ça passe.

À ces mots, le cœur de Sabrina se serra :

— Et pour Noël ? Ne me dis pas que tu ne viens pas !

— Je sais que tu adores Noël, ma chérie,

mais je suis incapable de faire la fête. Je suis dans un état !

— Tant pis, viens quand même. Je te soignerai. S'il te plaît, Papa ! supplia Sabrina.

— Le rhume bleu est extrêmement contagieux et les jeunes sorciers ont une santé fragile. Hors de question que je prenne ce risque. Tu fêteras Noël avec tes tantes, tu verras, ça sera très chouette.

— Mais je veux être avec toi ! Et avec Maman aussi ! protesta Sabrina, au bord des larmes.

Elle se sentit très mal en voyant le visage bouleversé de son père. Edward Spellman pouvait presque offrir le cosmos à sa fille, mais ça, il ne le pouvait pas.

La mère de Sabrina était une mortelle. Archéologue, elle travaillait au Pérou et ne devait en aucun cas voir sa fille avant deux ans. Car si Sabrina posait les yeux sur sa mère, celle-ci se transformerait aussitôt en cire. Pour toujours. C'était une loi spécialement créée par les autorités de la magie afin que les sorciers y réfléchissent à deux fois avant d'épouser des mortels. Même le divorce de ses parents ne changeait rien au problème. Sabrina ne reverrait sa mère qu'à sa majorité. La jeune sorcière retint ses larmes à grand-peine.

— Sabrina, reprit doucement son père, sois sûre que tes parents t'aiment plus que tout au monde. Et tantes Hilda et Zelda aussi t'adorent.

— Ce n'est pas pareil. J'aurais tellement voulu que tu sois là.

— Ma chérie, avoir un rhume fait partie de la vie, même quand on est sorcier ! Nous n'y pouvons rien ! Alors, sois courageuse, d'accord ? Et dès que je serai guéri, nous referons un petit Noël, toi et moi.

Sabrina lui fit un grand sourire, mais le cœur n'y était pas.

— Oui, Papa.

— Voilà la Sabrina que j'aime ! dit-il avant d'être pris d'une nouvelle quinte de toux. Atchoum ! Je dois te laisser. Si tu me cherches, je serai à la lettre Q de ton livre.

— Ce n'est pas ta place habituelle ! Normalement tu es à S comme Spellman !

— On m'a expédié à Q, comme quarantaine ! soupira Edward Spellman. Le chapitre Q est réservé aux sorciers souffrant du rhume bleu. N'oublie pas que nous sommes contagieux. Atchoum ! Je dois y aller.

Soudain, l'image de son père se mit à flotter puis devint carrément floue.

— Au revoir, chérie. Prends soin de toi, Sabrina, bois bien ton jus d'orange le matin...

Sa voix s'éloigna de plus en plus :

— ... N'oublieee paaas teees moufffffles loooorsque tuuuu soooors, il fffffffait frrrroid dehoooors...

— Promis ! Ne t'inquiète pas ! cria Sabrina. Je t'aime, Papa ! hurla-t-elle, mais l'image s'était déjà évanouie.

Sabrina glissa le marque-page rouge à la lettre Q puis sourit.

— Au moins, si j'ai besoin de lui, je sais exactement où le trouver !

Plantée devant le miroir en pied, elle réfléchit un instant.

— Pas question d'avoir le cafard ! Il faut que je me remonte le moral ! décida-t-elle.

Elle claqua des doigts en se concentrant

sur son reflet. *Clac, adieu, chemise de nuit ! Apparaissez, habits du lundi !* Elle admira sa tenue. Pull vert tortue, mini-jupe rouge et bottines noires...

Elle fit la grimace :

— Beurk ! J'ai l'air d'un elfe ! Ou d'un nain de jardin !

Clac ! Elle zappa pour une salopette et un pull noirs tout simples. Elle agita la main et une brosse à cheveux flotta dans les airs. Quelques instants plus tard, les longs cheveux blonds de la jeune sorcière étaient brillants comme de la soie.

— Maintenant, un petit déjeuner ! dit-elle en attrapant son sac à dos...

Sabrina

l'apprentie sorcière

1. Une rentrée pas ordinaire
2. Une rivale inattendue
3. Un Noël presque parfait
4. Un invité surprise
5. Un amour de sorcière
6. Un week-end très mouvementé
7. Une journée d'enfer
8. Un lundi hallucinant
9. Sabrina fait des mystères

(à paraître en septembre 2001)

Et pour les plus jeunes :

Salem

le chat de Sabrina

1. Salem à la télé
2. Salem à l'école
3. Piégé dans l'Histoire !
4. Attention au sort !

Cet ouvrage a été composé par
PCA - 44400 REZE

Imprimé en France sur Presse Offset par

BRODARD & TAUPIN

GROUPE CPI

La Flèche (Sarthe), le 25-06-2001
N° d'impression : 8318

Dépôt légal : septembre 2000

POCKET jeunesse
12, avenue d'Italie • 75627 PARIS Cedex 13
Tél. : 01.44.16.05.00